為什麼人要良善的人生必修課

70 個勸你善良的
人生故事

王郁陽、劉燁 著

讀故事長見識，讀故事懂道理
當人與人之間產生交集，故事也隨之誕生。
無論是親人、友人、戀人，甚至是陌生人之間，只要一點點
的善意，便足以擦出令人意想不到的動人火花。
你的善良，正是照亮你世界最好的火炬。

崧燁文化

目錄

CONTENTS

CONTENTS

前言

　　故事裡的事，說是故事是也不是，說不是也是。所謂故事，過往之事也。歲月的車輪輾過，沉澱風化，以歷史的方式留存故事；三十年河東，三十年河西，啟迪智慧的哲理故事應運而生；芸芸眾生，紅塵滾滾，總有一些事情讓我們永遠感動；日出而作，日落而息，有一些經驗和事蹟總能讓財富增加高度。一個故事就是一次轉機，一個故事就是一種人生，故事的寓意往往引發人們許多的思考，同樣的故事、不同的人，會有不同的感悟或覺醒。

　　故事的講與聽就像品嘗一杯美酒——芬芳濃郁而耐人尋味；味美純正而醉人心扉。故事折射人生百態，引導我們感悟生命的華彩樂章，給我們以智慧和啟發。

　　本書精心收錄編輯了一些關於親情、愛情、友情、真情等各方面的感動故事，其中的每一個故事，都將最大限度地感動讀者的心靈，讓讀者有所收益。

　　社會競爭的壓力總是在不斷加大，當生活逐漸演變為生存時，奔波忙碌的我們已無暇顧及其他。儘管我們不曾發現，不願也從不敢接受，但做為人，我們真的喪失了一些本不該喪失的東西，我們真的應該找回這些本該屬於我們的東

西！

有得必有失。當你在為成功奮鬥的時候，當你成功的時候，當你從成功走向更偉大成功的時候，我們希望每一個人的微笑依然自如和愜意。

用心去讀書中的故事吧！你會發現，它就是乾涸的心靈急需的那一股甘泉，它就是能將心靈的沼澤變成沃野的那一種神奇，它就是能助你找回一個真、善、美自我的那個唯一答案。

你更會發現，在平凡的生活中收獲這樣一些不平凡的感動，原來世界可以更美麗，生活可以更精彩。

第一章
親情

　　親情是身心疲憊時通往家裡的一條小徑，是風雪寒夜裡思念中的一股暖意，是全家圍坐在桌邊時的滿屋飯香，是難以割捨、無以替代的血脈相連。它比藍天深邃，比原野遼闊，比泉水清澈。

1、母親啊，我的母親啊

每天天濛濛亮，她就拿著空米袋，拄著棍子悄悄到十多里外的村子去討飯，然後等到天黑後才偷偷摸摸進村。她將討來的米聚在一起，月初送到學校⋯⋯。

兒子剛上小學時，父親就去世了。母子倆相互攙扶著，用一堆黃土輕輕送走了父親。這個家庭的日子比以前更難熬了。

母親沒改嫁，含辛茹苦地拉拔著兒子。兒子夜以繼日地發奮讀書，母親則起早摸黑地辛苦工作。日復一日，年復一年，當一張張獎狀覆蓋了兩面斑駁陸離的牆壁時，兒子考上了明星高中。望著高出自己半顆頭的兒子，母親眼角的皺紋裡滿是笑意。

但不幸再次降臨。母親患上了嚴重的風濕病，做不了農活，有時連飯都吃不飽。而那時的明星高中，學生每月都得帶三十斤米交給學校。

兒子知道母親拿不出來，便說：「媽，我要退學，幫妳做農活。」母親摸著兒子的頭，疼愛地說：「你有這份心，媽打心眼兒裡高興，但書是非讀不可。放心，媽生你，就有辦法養你。你先到學校報名，我隨後就送米去。」兒子還是固執

地說不，最後母親揮起粗糙的巴掌，第一次結實地甩在兒子臉上……。

兒子上學去了，沒多久，明星高中也迎來了姍姍來遲的母親。母親一瘸一拐地走進門，氣喘吁吁地從肩上卸下一袋米。負責掌秤登記的老師打開袋口，抓起一把米看了看，眉頭就緊鎖了，說：「你們這些做家長的，總喜歡占點小便宜。你看看，這裡有早稻、中稻、晚稻，還有細米，簡直把我們餐廳當雜米桶了。」

母親臊紅了臉，連說對不起。老師見狀，沒再說什麼，收了。母親又掏出一個小布包，說：「老師，這是五千元，我兒子這個月的生活費，麻煩您轉給他。」老師接過去，搖了搖，裡面的硬幣叮叮噹噹。他開玩笑說：「怎麼，你在街上賣茶葉蛋？」

母親的臉又紅了，支吾著道個謝，一瘸一拐地走了。

又一個月初，這位母親背著一袋米走進餐廳。老師照例開袋看米，眉頭又鎖緊，還是雜色米。他想，是不是上次沒跟這位母親說清楚，便一字一頓地對她說：「不管什麼米，我們都收，但品種要分開，千萬不能混在一起，否則沒辦法煮，煮出的飯也是半生不熟的。下次還這樣，我就不收了。」

母親有些惶恐地請求道：「老師，我家的米都是這樣的，怎麼辦？」老師哭笑不得，反問道：「你家一畝田能種出百樣米？真好笑。」

遭此質疑，母親不敢作聲，老師也不再理她。

第三個月初，母親又來了，老師一看米，勃然大怒，用幾乎失去理智的語氣，喝斥道：「哎，我說你這個做媽的，怎麼頑固不化呀？怎麼還是雜色米呢？你呀，今天是怎麼背來的，就怎麼背回去！」

母親似乎早有預料，雙膝一彎，跪在師傅面前，兩行熱淚順著凹陷無神的眼眶湧出：「老師，我跟您實說了吧，這米是我要……要飯得來的啊！」老師大吃一驚，眼睛瞪得溜圓，半晌說不出話。

母親坐在地上，挽起褲腿，露出一雙僵硬變形的腿，腫大成梭形……母親抹了一把淚，說：「我得了晚期風濕病，連走路都困難，更不用說種田了。兒子懂事，要退學幫我，被我一巴掌打到了學校……。」

她又向老師解釋，她一直瞞著鄉親，更怕兒子知道傷了他的自尊心。每天天濛濛亮，她就拿著空米袋，拄著棍子悄悄到十多里外的村子去討飯，然後挨到天黑後才偷偷摸摸進村。她將討來的米聚在一起，月初送到學校……母親絮絮叨叨地說著，老師早已潸然淚下。他扶起母親，說：「好媽媽啊，我馬上去告訴校長，要學校給你家捐款。」母親忙不迭地搖著手，說：「不、不，如果兒子知道媽媽討飯供他上學，就毀了他的自尊心。影響他讀書可不好。老師的好意我領了，求你為我保密。」

母親走了，一瘸一拐。

校長最終知道了這件事，不動聲色，以清寒學生的名義減免了兒子三年的學費與生活費。三年後，兒子以六百二十七分的成績考進了大學。歡送畢業生那天，明星高中鑼鼓喧天，校長特地將母親的兒子請上主席台，兒子百思不得其解：考了高分的同學有好幾個，為什麼單單請我上台呢？更令人奇怪的是，台上還堆著三個鼓囊囊的蛇皮袋。此時，老師上台講了母親討米供兒上學的故事，台下鴉雀無聲。校長指著三個蛇皮袋，情緒激昂地說：「這就是故事中的母親討得的三袋米，這是世上用金錢買不到的糧食。下面有請這位偉大的母親上台。」

兒子疑惑地往後看，只見老師扶著母親正一步一步往台上走。兒子終於明白了事情的真相，那苦命的母親為顧全兒子的尊嚴和面子，而甘願忍受別人的誤解，甘願放棄自己的面子，兒子的淚無聲地流了下來。

母子倆對視著，母親的目光暖暖的、柔柔的，一綹兒有些花白的頭髮散亂地搭在額前。突然，兒子猛地撲上前，摟住母親，號啕大哭：「母親啊，我的母親啊……。」

2、一束康乃馨買回的親情

敏的眼睛有些痠痛，原來嫁出去後，在離開父母的生活裡，能讓父母為自己操心是一件多麼幸福的事情。敏抬眼看著母親剛剛放在桌子上的那束康乃馨，那簇擁著的鋸齒花瓣，那舒暢人心的香味。

敏和母親都是一個硬脾氣，母女倆誰也不聽誰的。每當敏跟母親生完氣之後，她說什麼都不會把頭低下去。母親也常會指著敏的鼻子對敏喊：「你媽我說話，對就是對的，錯了也是對的！」真是針鋒相對。

父親也常勸她們，有什麼事你們母女倆要是有一個人退一步，也就風平浪靜了。其實敏也知道，母親跟她吵，一定也是為了她好，她也不是存心胡鬧，她只是不太喜歡母親對她的教育方式。就這樣，敏跟母親在頂嘴中跨入了新的世紀。

老是這樣吵下去，敏慢慢開始發覺，母女間越來越生疏了。那一年，敏賭氣嫁了。照理說，父母嫁女兒，三個人心裡應該都不是個滋味，尤其是母女倆，沒想到，敏跟母親硬是沒掉半滴的眼淚。就這樣，敏嫁走了，離開了父母，開始了自己相對獨立的家庭生活。

敏像逃出了籠子裡的小鳥，沒有任何拘束，在她的小天地裡自由地飛翔。家裡這個家具怎麼擺，買什麼款式的陶瓷碗，都是敏一個人說了算，敏有著像扮家家酒的新奇感。敏的老公個性跟她爸很像，很隨和，也由著敏，雖然已經結婚了，但他們情人節、聖誕節、復活節照過不誤，玩起來就像個不願回家的孩子。

有一天，敏跟老公靜靜地坐在公園長椅上的時候，像跟她爸坐在一起一樣。敏對他說了心裡話，因為那天是母親節。

敏說，我真的滿想媽媽的，真的。我想我媽為我做的每一頓飯；想她為我補的每一雙襪子；天冷的時候，我會想起媽媽為我端來的熱水；天熱的時候，我會想起媽媽留在我桌前的那碗綠豆湯。敏還說，我有愛情了，但沒有親情，心裡還是空空的。

聽完敏的訴說，敏的老公為她說了一個有關花的故事。

他說，很久很久以前，人們經常在路邊看到一個賣康乃馨的老婆婆，每當有路人經過的時候，她都會說，買枝花吧！送給你的母親。於是，路人總是不自覺地停下了腳步，在花攤前想著自己的母親，然後將花買走。再後來，人們得知，原來老婆婆有一個兒子，因為長期在外面工作，很少回來陪母親，所以老婆婆才對每個路人這樣說。

人們感動了，到了每年五月的第二個禮拜天，他們都會買束康乃馨去看望他們的母親。從那之後，老婆婆的花攤熱鬧了起來，那個節日也越傳越廣。終於，有一天，老婆婆見

到了很久沒有回家的兒子。兒子包下了婆婆賣的所有康乃馨，然後，將所有的花都送給了婆婆……。

敏忘情地聽著，深深地為婆婆和兒子的故事所感動。她突然覺得，她和母親不應該再繼續爭吵下去了，她想主動改善和母親的關係，可是，她一時又不知道怎麼開口。故事總是美好的，但一套到自己的身上，總覺得有那麼一點彆扭。

老公知道了敏的心思，便笑著對她說，妳也可以買束花啊！就在今天，媽媽一定會非常高興的。敏聽了老公的話，連夜跑到鬧區，終於趕在花店打烊前買了一束康乃馨。

買到花後，敏的腦海裡還是像往常一樣，又浮起了母親那張充滿怒氣的臉。門鈴是老公按響的。

門開了，父母還沒睡，屋子裡電視開著：「爸、媽……我……」，敏發覺自己的舌頭打結了。

「爸、媽，敏送花來給你們了，母親節快樂！」敏的老公笑著說。突然，敏看到了母親的笑臉。母親一手接過了敏懷裡的康乃馨，聞了聞笑著說，香！

敏跟著母親進了屋，她突然發覺家裡跟過節似的，什麼糖啊！瓜子啊！還有一些蝦條、洋芋片什麼的，這些都是以前母親不給敏吃的，今天卻都擺了上來。

母親笑著說，「丫頭妳從小氣管不好，糖吃多了不但容易得蛀牙，還會把氣管吃出毛病來，還有蝦條啊洋芋片啊什麼的，老是吃一些對身體不好的，應該多吃水果，那些畢竟是油炸食品！」母親坐在敏的旁邊一板一眼地對敏說著。

　　敏的眼睛有些痠痛，原來嫁出去後，在離開父母的生活裡，能讓父母為自己操心是一件多麼幸福的事情。敏抬眼看著母親剛剛放在桌子上的那束康乃馨，那簇擁著鋸齒的花瓣，那舒暢人心的香味。

　　她恍然大悟了，原來母親只要收到女兒的一點點心意就會滿足，她只用了一束康乃馨，就買回了無價的親情……。

3、寄錢

「郵差進村的日子，你母親像過節一樣歡天喜地。收到你的匯款，她要高興好幾天哩。」成剛聽著聽著已淚流滿面，他明白了，母親堅持要他每個月幫她寄一次錢，是為了一年能享受十二次快樂。母親心不在錢上，而在兒子身上。

回家辦完父親的喪事，成剛要母親隨他去城市裡生活。母親執意不肯，說鄉下清靜，城裡太吵住不慣。成剛明白，母親是捨不得丟下長眠在地下的父親，成剛臨走時對母親說：「過去您總是不讓我寄錢回來，今後我每個月幫您寄二萬元生活費。」母親說鄉下花費不大，寄一萬元就夠用了。

母親住的村子十分偏僻，郵差一個月才來一、二次。如今村子裡外出打工的人多了，留在家裡的老人們時時盼望著遠方親人的消息，因此郵差在村子裡出現的日子是留守村民的節日。每次郵差一進村就被一群大媽、大嬸和老奶奶圍住了，爭先恐後地問有沒有自家的郵件，然後又三、五人聚在一起或傳遞自己的喜悅，或分享他人的快樂。

這天，郵差又來了，母親正在屋後的菜園裡割菜，鄰居大媽一連喊了幾聲，母親才明白是叫自己，慌忙出門從郵差手裡接過一張紙，是匯款單。母親臉上洋溢著喜悅，說是兒

子成剛寄來的。鄰居張大媽奪過母親手裡的匯款單看了又看，羨慕得不得了，說：「乖乖，二十四萬哩！」人們聞聲都聚過來，這張高額匯款單像稀罕寶貝似的在大媽、大嬸們手裡傳來傳去的，每個人都是一臉羨慕。

母親第一次收到兒子這麼多錢，高興得睡不著覺，半夜爬起來給兒子寫信。母親雖沒上過學，但當過小學教師的父親教她識得些字。母親的信只有幾行字，問成剛怎麼寄這麼多錢回來，說好一個月只寄一萬元。成剛回信說，郵差一個月才去村裡一、二次，怕母親無法及時收到生活費著急。成剛還說他薪水不低，說好每個月寄二萬元的，用不完母親放在手裡也好應付急用呀。看完了成剛的信，母親甜甜地笑了。

過了幾個月，成剛收到了母親的來信，信上只有短短幾句話，說成剛不該把一年的生活費一次寄回來，明年寄錢一定要按月寄，一個月寄一次。

轉眼間一年就過去了。成剛因公司一項工程工期緊脫不開身，回老家看望母親的想法不能實現了。他本想按照母親的囑咐，每月幫母親寄一次生活費，又擔心忙忘了誤事，只好又到郵局一次幫母親匯去二十四萬元。二十多天後，成剛收到一張二十二萬元的匯款單，是母親匯來的。成剛先是十分吃驚，後百思不得其解，正要寫信問問母親，卻收到了母親的來信。母親又一次在信上囑咐說，要寄就按月寄，要不她一毛也不要。

一天，成剛遇到了一個從老家來城市打工的鄉親，成剛

在招待他吃飯時，順便問起了母親的情況。這位鄉親說：「你母親雖然孤單一人生活，但很快樂。尤其是郵差進村的日子，你母親像過節一樣歡天喜地。收到你的匯款，她要高興好幾天哩。」成剛聽著聽著淚流滿面，他明白了，母親堅持要他每個月為她寄一次錢，是為了一年能享受十二次快樂。母親心不在錢上，而在兒子身上。

4、十塊錢的感動

　　文飛掏出一元硬幣遞給老叔，老叔將汗淋淋的臉抬起時，文飛驚呆了：他正是自己父親，那雙手和額頭已被曬得像非洲人一樣，他幾乎認不出來了！

　　時代發展得太快，短短四年，文飛當初讀大學時所選擇的熱門科系，到畢業時已變成了冷門科系。

　　文飛在畢業前後參加了很多場徵才博覽會，丟了幾十封求職信，但都沒什麼結果。文飛越來越著急。他老家在山裡，他是典型的清寒學生。畢業前他在學校打工賺的幾萬塊錢，除了為應徵買的一雙皮鞋和付房租外，身上只剩下最後二百元了。

　　文飛在心裡思索著，這二百元怎麼樣也得撐到第二天。明天他將去參加某公司最後一輪複試，去那裡得換二次公車，來回車錢六十元，中午他決定吃好一點，吃一個八十元的便當。如果這次還無法被公司錄取，他決定用剩下的最後一枚硬幣給家裡寫一封信，然後從這個城市消失。文飛就這樣在心裡打定了主意，頗有壯士一去兮不復還的感覺。

　　文飛再次回到黑暗簡陋的出租套房時，他發現屋裡已亮著昏暗的燈光，房東說他父親從老家來看他了。文飛喜出望

外，令他牽掛不已的父親來了。他快步走進了屋子，發現桌上放著一盤他最愛吃的辣椒炒臘肉，還有二杯高粱酒。父親坐在一旁，已蒼老了很許多。

父親從懷裡掏出一個陶瓷豬撲滿，上面紅紅綠綠的漆已經斑駁。這是文飛小時候生日姑姑送他的禮物，裡面一塊兩塊、一百兩百地存著他不少童年的夢，沒想到十幾年了，父親還保留著它！

「小飛啊，聽房東說你還沒找到工作，房租也欠了一個月。現在大學畢業生多，競爭激烈，你的專業也與熱門職缺不同，還是現實一些好，不要眼高手低！」父親吞了口水又說，「我已經幫你又交了一個月房租。另外，這個撲滿你留著，在沒有找到工作之前，或許有點幫助！」

父親只留了一個晚上，第二天沒吃早餐就走了。文飛撬開那個撲滿，倒出來，發現全是一元的硬幣和一些紙鈔，共有一萬多元，這足以讓他支撐十天半月的了。更讓他詫異的是房東告訴他，他父親替他交的房租也全是一元的硬幣！

文飛記住了父親的話。第二天面試時，公司人資問他願不願意從基層業務做起，他毫不猶豫答應了。

夏天天氣最熱的時候，文飛背著沉重的產品宣傳資料和樣品走在大街小巷，常被曬得口舌冒煙，同時受到不少人的白眼。

一個炎熱的下午，經過一棟商業大樓時，他發現一個老人在向行人兜售一種冰鎮中藥涼茶，涼茶用裝豆漿的那種拋

棄式紙杯裝著，放在隔熱的冰櫃裡，十塊錢一杯，買的人不少。文飛掏出十元硬幣遞給老人，老人將汗淋淋的臉抬起時，文飛驚呆了：他正是自己父親，那雙手和額頭已被曬得像非洲人一樣，他幾乎認不出來了！

　　原來父親為了讓他能在這個城市裡立足，一直在這個炎熱的夏天裡，十元十元地支撐著。

5、超越五千公尺高山的母愛

　　時間一分一秒地流逝，孩子需要一次又一次地餵奶，妻子的體溫在一次又一次地下降。在這個風雪狂舞的五千公尺高山上，妻子一次又一次地重複著極為平常簡單而現在卻無比艱難的餵奶動作。她的生命在一次又一次的餵奶中一點點地消逝。

　　丈夫和妻子都是登山家，為慶祝他們兒子一週歲的生日，他們決定背著兒子登上七千公尺的雪山。

　　他們挑了一個陽光燦爛的好日子，一切準備就緒之後就踏上了征途。天剛亮時，天氣一如預報中的那樣，太陽當空，沒有風，沒有半片雲彩。夫婦倆很快就輕鬆地登上了五千公尺的高度。

　　然而，就在他們稍事休息準備向新的高度前進之時，一件意想不到的事發生了。風雲突起，一時之間狂風大作，雪花飛舞。氣溫陡降至零下三、四十度，最要命的是，由於他們完全相信天氣預報，所以忽略了攜帶至關重要的 GPS 衛星定位器。由於風勢太大，能見度不足一公尺，上或下都意味著危險或死亡。二人無奈，情急之中找到一個山洞，只好進洞暫時躲避風雪。

　　氣溫繼續下降，妻子懷中的孩子被凍得嘴唇發紫，最主要的是他要喝奶。要知道在如此低溫的環境之下，任何一寸裸露的肌膚都會導致體溫迅速降低，時間一長就會有生命危險。怎麼辦，孩子的哭聲越來越弱，他很快就會因為缺少食物而被凍餓而死。

　　妻子早就想給孩子餵奶了，但一直被丈夫制止。丈夫不能眼睜睜地看著妻子被凍死。然而，如果不給孩子餵奶，孩子就會很快死去。

　　妻子哀求丈夫：「就餵一次。」面對妻子的苦苦哀求，不得已，丈夫只好把妻子和兒子抱在懷中。餵過一次奶的妻子體溫下降了二度，她的體能受到了嚴重的損耗。

　　由於缺少定位器，漫天風雪中救援人員根本找不到他們的位置，這意味著風如果不停，他們就沒有獲救的希望。

　　時間在一分一秒地流逝，孩子需要一次又一次地餵奶，妻子的體溫在一次又一次地下降。在這個風雪狂舞的五千公尺高山上，妻子一次又一次地重複著極為平常簡單而現在卻無比艱難的餵奶動作。她的生命在一次又一次的餵奶中一點點地消逝。

　　三天後，當救援人員趕到時，丈夫已凍昏在妻子的身旁，而他的妻子──那位偉大的母親已被凍成一尊雕塑，她依然保持著餵奶的姿勢屹立不倒。她的兒子，她用生命哺育的孩子正在丈夫的懷裡安然地沉睡，他臉色紅潤，神態安詳。

為了紀念這位偉大的母親、妻子，丈夫決定將妻子最後的姿勢鑄成銅像，讓妻子最後的愛永遠流傳，並且告訴孩子，一個平凡的姿勢只要傾注了生命的愛，便可以偉大並且抵達永恆。

6、三百元的水果

寧可手指被掰斷也不鬆手放掉皮包，可見那皮包的數目和分量。警察便打開那包著錢的塑膠袋，頓時，在場的人都驚呆了，那袋子裡總共只有三百元，全是一塊和十塊的銅板。

時至中午，女人盤算著今天撿來的破爛已經不少了，可以拿去賣了。女人便把這些破爛物品送到資源回收站賣了。

女人騎著三輪車往回走，在經過一條無人小巷時，從小巷的轉彎處，猛地竄出一個歹徒來。這歹徒手裡拿著一把刀，他用刀抵住女人的胸部，凶狠地命令女人將身上的錢全部交出來。女人嚇傻了，站在那兒一動也不動。

歹徒等不及了，便開始搜身，他從女人的衣袋裡搜出一個塑膠袋，塑膠袋裡包著一些錢。

歹徒拿著那些錢，轉身就走。這時，女人已從驚嚇中反應過來，她立刻撲向歹徒，動手奪下了塑膠袋。歹徒用刀對著女人，作勢要捅她，威脅她放手。女人卻雙手緊緊地抓住裝錢的袋子，打死不鬆手。

女人一面拚命護住袋子，一面拚命呼救，呼救聲驚動了小巷子裡的居民，人們聞聲趕來，合力逮住了歹徒。

眾人押著歹徒、攙著女人走進了附近的派出所，一位警察接待了他們。審訊時，歹徒對搶劫一事供認不諱，而女人只是站在那兒直打哆嗦，臉上冷汗直冒。警察便安慰她：「妳不必害怕。」女人回答說：「我好疼，我的手指被他掰斷了。」說著抬起右手，人們這才發現，她右手的食指軟綿綿地下垂著。

　　寧可手指被掰斷也不鬆手放掉皮包，可見那皮包的數目和分量。警察便打開那包著錢的塑膠袋，頓時，在場的人都驚呆了，那袋子裡總共只有三百元，全是一塊和十塊的銅板。

　　為了三百元，一個斷了手指，一個淪為罪犯，真是太不值得了。一時，小城譁然。

　　警察迷惘了：是什麼力量在支撐著這個女人，使她能在折斷手指的劇痛中仍不放棄這區區的三百元呢？他決定探個究竟。所以，將女人送進醫院治療之後，他就尾隨在女人的身後，希望找到問題的答案。

　　令人驚訝的是，女人走出醫院大門不久，就在一個水果攤上挑起了水果，而且挑得那麼認真。她用三百元買了一顆梨子、一顆蘋果、一個橘子、一根香蕉、一節甘蔗、一顆草莓，凡是水果攤上有的水果，她每樣都挑一個，直到將三百元花得一分不剩。

　　警察吃驚地張大了嘴巴。難道不惜犧牲一根手指才保住的三百元，竟是為了買一點水果吃？

　　女人提了一袋水果，來到郊外的公墓。警察發現，女人走到一個僻靜處，那裡有一座新墓。女人在新墓前佇立良久，臉上似乎有了欣慰的笑意。然後她將袋子倚著墓碑，喃喃自語：「兒啊，媽媽對不起你。媽沒本事，沒辦法治好你的病，竟讓你剛十三歲就離開了人世。還記得嗎？你臨去的時候，媽問你最大的心願是什麼，你說，我從來沒吃過完整的水果，要是能吃一個好水果該多好呀。媽愧對你呀，竟連你最後的願望都不能滿足，為了幫你治病，家裡已經連買一個水果的錢都沒有了。可是，孩子，昨天，媽媽終於將為你治病欠下的債都還清了。媽今天又賺了三百元，孩子，媽可以買到水果了，你看，有橘子、有梨、有蘋果，還有香蕉……都是好的，都是媽花錢給你買的好水果，一點都沒爛，媽一個一個仔細挑過的，你吃吧，孩子，你嘗嘗吧……。」

7、總會跟你在一起

「我告訴同學們不要害怕，說只要我爸爸活著就一定會來救我，也就能救出大家。因為你說過，不論發生什麼，你都會和我在一起！」

一九八九年，美國洛杉磯一帶發生了大地震，在不到四分鐘的時間裡，有三十萬人遭到不同程度的傷害。

在混亂和廢墟中，一位年輕的父親安頓好受傷的妻子，便衝向他七歲兒子上學的學校。在他面前，那個昔日充滿孩子們歡聲笑語的漂亮三層教學大樓，已變成一片廢墟。

他的眼前頓時感到一片漆黑，大喊：「阿曼達，我的兒子！」便跪在地上大哭了起來。過了一陣子，他猛地想起自己常對兒子說的一句話：「不論發生什麼，我總會跟你在一起！」他堅定地站起身，向那片廢墟走去。

他知道兒子的教室在大樓的一樓左後角處。他疾步走到那裡，開始動手。在他清理挖掘時，不斷有孩子的父母急匆匆趕來，望著這片廢墟痛哭並大喊：「我的兒子！我的女兒！」哭喊過後，他們絕望地離開了。這位父親兩眼直直地看著這些人，問道：「誰願意幫助我？」沒人給他肯定的回答，他便埋頭繼續挖。

救援隊長擋住他：「太危險了，隨時可能發生火災，甚至爆炸，請你離開。」

這位父親問：「你是不是來幫助我的？」

警察走過來：「你很難過，難以控制自己，可是這樣不但於事無補，對他人也有危險，趕快回家去吧。」

「你是不是來幫助我的？」

人們都搖搖頭，嘆息著走開了。大家都認為這位父親因失去孩子而神志失常了。

這位父親心中只有一個念頭：兒子在等著我。

他挖了八小時、十二小時、二十四小時、三十六小時，沒人再來阻擋他。他滿臉灰塵，雙眼布滿血絲，渾身上下破爛不堪，到處是血跡。到第三十八小時，他突然聽見底下傳出孩子的聲音：「爸爸，是你嗎？」

是兒子的聲音！父親大喊：「阿曼達！我的兒子！」

「爸爸，真的是你嗎？」

「是我，是爸爸！我的兒子！」

「我告訴同學們不要害怕，說只要我爸爸活著就一定會來救我，也就能救出大家。因為你說過，不論發生什麼，你都會和我在一起！」

「你現在怎麼樣？有幾個孩子活著？」

「我們這裡有十四個同學，都活著，我們都在教室的牆

角，屋頂塌下來架成一個大三角形，我們沒被壓到。」

父親大聲向四周呼喊：「這裡有十四個孩子，都活著！快來人。」幾個路過的人趕緊上前來幫忙。

五十分鐘後，一個安全的小出口開闢出來。父親聲音顫抖地說：「出來吧！阿曼達。」

「不！爸爸。先讓別的同學出去吧！我知道你會跟我在一起，我不怕。不論發生了什麼，我知道你總會跟我在一起。」

這對了不起的父子無比幸福地緊緊擁抱在一起。

8、沉甸甸的父愛

　　回家後，父親對我說：「你是一個男子漢！你不能去欺負別人，更加不能被別人欺負！以後你還要保護你的家人呢！」從那時候起，我不再被別人欺負了。

　　那時候家裡特別窮，父親剛讀完研究所，卻因為某些問題，只能到一家糧廠做倉庫管理員，收入很低，工作很累，讓家裡苦不堪言……而我常年不斷藥的虛弱身體，也使家庭狀況雪上加霜。

　　依然記得寒冷的農曆十二月那一天，父親凌晨三、四點鐘就爬起來把我背在背上，然後為我披上全家僅有的被子，在刺骨的北風中站在醫院門前排隊……。

　　那個晚上，父親水腫得很厲害，聽醫生說綠豆糖水對這個病很有效。可是家裡實在太窮了，父母唯一的一點薪水都拿去為我治病了。於是母親便帶著我去找鄰居借綠豆，但走了幾家，都被別人趕了出來，畢竟平時借得太多了。最後，是樓上的楊阿姨給了我們一袋綠豆，還帶著我們母子倆回到家裡。父親聽了我們的經歷後，抱著我們哭了。最後，父親跟我們說：「你們放心，我們一定不會窮下去的。」

　　父親開始運用自己的知識，白天上班，晚上就回來寫書

……終於，皇天不負苦心人，父親得到了賞識。換了公司之後，父親升官了，加了薪，日子一天天好起來。而且，後來父親還被調去做一家公司的經理。

父親在工作上不斷取得成績，我們的生活也因此而越來越好。誰知就在這時，母親因為一次淋雨生病了，而且病情越來越重，每天都被疼痛折磨得不成人形，沒過多久，她便離我們而去了。對此，父親幾乎崩潰了。相依為命的妻子，一起度過了這麼多年患難，苦完了，幸福來了，她卻走了……。

那段日子，父親暈倒過去很多次，醒來後就抱著我哭。過了一段時間，父親再次堅強地站起來了，他為了照顧我，毅然放棄了在香港的事業，回到了家鄉。

小學開學的第一天，父親跟我說過一句話：「你成績好不好沒關係，最重要的是要做一個好人！」我也常告誡自己：不管怎麼樣，都要像父親一樣，做個好人！

那時我不太愛說話，老是被人欺負，有一次在學校踢毽子的時候被我們班一個很霸道的同學打了，父親帶著我冒著大雨來到那個同學家，指著那個同學的父親說：「以後你兒子再敢欺負我兒子，我跟你們沒完！」雖然那同學的父親很強壯，我的父親顯得很矮小，但我覺得父親更威武！在父親身邊，我真的很安全，什麼都不怕。

回家後，父親跟我說：「你是一個男子漢！你不能去欺負別人，更加不能被別人欺負！以後你還要保護你的家人呢！」從那時候起，我不再被別人欺負了。

在讀書方面，父親對我的期望一直很大，但從來不給我壓力。我也一直沒讓他失望，從小學到高中，這一路我都順利地走了過來。然而聯考時，我失常了。一直朝著前幾志願目標奮進的我，沒有考好，我覺得很羞愧，我對不起父親，我讓他失望了！

在消沉了幾天後，我鼓起了勇氣跟父親說了一句：「爸爸，對不起……」，說完眼淚就掉了下來，我真的好慚愧。父親什麼也沒說，只是拉我進了房間，從他一直鎖著的抽屜裡拿出很厚的幾本筆記本遞給我。

我一頁一頁地看著，原來從我出生到現在，他一直在寫關於我的日記，這一行行字，記載著一個兒子的成長和一個父親沉甸甸的愛。

父親拿來毛巾擦乾我的眼淚，對我說：「兒子，爸爸給你看這些，是想告訴你，不管發生了什麼事，你都是我的兒子，你沒有讓爸爸失望，因為爸爸最大的希望是看著你健康地成長，看著你成為一個好人，看著你開心，就夠了，考得怎麼樣，別去想它了，爸爸不在乎，真的不在乎……。」

後來我大學畢業開始工作，在家裡的時間越來越少了。我也習慣了遇到什麼問題都靠自己去解決。父親每次打電話來，我總是報喜不報憂，因為我不想讓他擔心。隨著自己生活煩惱增多，我對父親的留意也漸漸少了。直到去年夏天，接到父親的一通電話。

那天是很平常的一天，我照常下班回來，回到自己一個人住的房子，我正準備打開電腦時，電話鈴聲響了，是父親

的電話。剛開始，還是那些熟悉的問候和叮嚀，我也照常心不在焉地回答。過了一會兒，父親支支吾吾了起來，我感覺有點不對了。

「你這二個星期有時間嗎？」「你先說什麼事情吧，爸，應該有！」「哦……忙就算了……也沒有什麼事情。」「說吧，什麼事情？」「我想……你陪我去做一個體檢。」我的腦子轟一下就糊塗了。

「怎麼了？你哪裡不舒服了？」「也沒什麼，最近肚子很痛，沒有什麼事情的，你別擔心。」「我馬上幫你預約醫生，你在家，我馬上回來！」

我真的好害怕。我馬上找了一個熟識的醫生，約了第二天馬上體檢。全身體檢結果出來，父親的身體並沒什麼大礙，只是人年紀大了，有些零件出了點小問題。回到家之後，父親看見我回來了，顯得很高興。

那天晚上，我跟父親聊了很久，跟他說我的事業，我的愛情……在燈光下，我看見父親真的老了。不知從什麼時候開始，白頭髮漸漸爬到了他的頭上，皺紋一條條肆無忌憚地延伸著，曾經很有神的眼睛，也少了幾分銳氣，多了幾分慈愛；就連兒時我最眷戀、認為永遠很直的背，竟也有點駝了！

我的眼淚撲撲地流了下來，父親笑說：「怎麼這麼大了還哭，還男子漢呢！」我抱著我的父親，我好想跟他說：「在你面前，我永遠是你的小孩子！」

爸爸，對不起！

9、用心去感受

護士小姐走了過來，她告訴蒂姆，他的母親早已完全失聰。蒂姆睜大眼睛，直到這時他才知道了真相：原來，那次毒氣洩漏事件中損壞了聽覺神經的不只是他，還有母親，只是為了不讓蒂姆更加絕望，母親才將這個痛苦的祕密隱藏到現在。

蒂姆在父母離婚後跟了母親。

蒂姆喜歡拉琴，新家附近有很多櫻桃樹，他便每天拿著心愛的小提琴來到院子裡的櫻桃樹下演奏。幾年過去了，他的琴技日漸提高，悠揚的樂聲是他們生活中最美妙的伴奏。

然而不幸再次降臨。居住區附近的化工廠發生了嚴重的毒氣外洩事件，距離化工廠最近的蒂姆家受到嚴重的汙染。蒂姆經常嘔吐，最可怕的是他的聽力逐漸下降，醫生遺憾地表示蒂姆的聽覺神經已嚴重損壞，僅存有極其微弱的聽力。

母親狠下心把蒂姆送到了聾啞學校，她知道要想讓兒子早日從陰影走出來，就必須盡快接受現實。醫生提醒，由於年紀小，蒂姆的語言能力會由於聽力的喪失而逐日下降。因此，即使在家裡，母親也逼著蒂姆用手語和唇語跟她進行交談。

　　在母親的督促與帶動下，蒂姆進步很快，沒多久就能跟聲啞學校的孩子們交談自如了。櫻花樹下又出現了蒂姆歪著腦袋拉琴的小小身影。

　　看到兒子的變化，母親很是欣慰。和以前一樣，每次只要蒂姆開始在櫻桃樹下拉琴，她都會端坐在一旁欣賞。不同的是，演奏結束後母親不再是用語言去讚美，取而代之的是她也日漸熟練的手語和唇語，以及甜美的微笑和熱情的擁抱。

　　可是蒂姆的聽力太有限，他很想聽清那些美妙的旋律，但他聽到的只有很輕的嗡嗡聲。蒂姆很沮喪，心情也一天比一天壞。

　　看著兒子如此痛苦，母親不禁也傷心地流下淚來。一天，母親用手語對蒂姆「說」道：「孩子，儘管你不能完全聽清楚自己的琴聲，但你可以用心去感受啊！」

　　母親的話深深印在了蒂姆心裡，從此他更加刻苦地練琴，因為他要用心去捕獲最美的聲音。為了讓蒂姆的琴技更快地提高，母親還想了一個妙招——鎮上沒有專業教師，母親就用錄音機錄下蒂姆的琴聲，然後再搭火車找城裡的專家進行評點，為了避免有遺漏，她還麻煩專家把參考意見一條條地寫下來，好讓蒂姆看得清楚。

　　可是蒂姆發現，只要自己演奏較長的樂曲，有時明明超過了五十分鐘，錄音帶早到換面的時候，可是母親還看著自己一動也不動。蒂姆提醒母親，母親忙說抱歉，笑稱自己聽得太入迷了。後來，只要錄音，母親就會戴上手錶提醒自

己，再也沒有出現過任何漏洞。

櫻桃樹幾度花開花落，在法國一次少年樂器演奏比賽上，蒂姆以其精湛的技藝和高昂的激情震撼了在場的所有評審委員，當之無愧地獲得了金獎。而當人們得知他幾乎失聰時，更覺得他的成功不可思議，有許多人把他稱為音樂天才。更幸運的是，蒂姆的聽力問題受到醫學界的關注，經過巴黎多位知名專家的聯合會診，他們認為蒂姆的聽覺神經沒有完全萎縮，透過手術有恢復部分聽力的可能。

手術很快實施了，術後的效果很理想，醫生說再戴上人造耳蝸，蒂姆的聽力基本上就能與常人無異了。

那段時間，母親一直陪伴在蒂姆身邊，戴上耳蝸的這天，蒂姆表現得很興奮，他用手語告訴母親：「從現在起，我要學習用口說話，您不必再用手語和唇語跟我交流了。」他甚至激動地拉響了小提琴，用結結巴巴的聲音說：「母親，我能聽見了，多麼美妙的聲音啊！」然後他又問道：「母親，妳最愛哪首曲子，我現在就拉給妳聽，好嗎？」

但奇怪的是，母親似乎根本沒聽見他的話，她依然坐在那兒含笑看著他，保持著沉默。蒂姆又結結巴巴地問：「母親，妳怎麼不說話啊？」

這時，護士小姐走了過來，她告訴蒂姆，他的母親早已完全失聰。蒂姆睜大眼睛，直到這時，他才知道了真相：原來，那次毒氣外洩事件中損壞了聽覺神經的不只是他，還有母親，只是為了不讓蒂姆更加絕望，母親才將這個痛苦的祕密隱藏到現在。

　　母親絕大部分時間都是和蒂姆用手語和唇語交談的。因為很少開口，如今都不怎麼會講話了。蒂姆想起年少時對母親的種種誤解，不由地抱著母親痛哭起來。蒂姆和母親回到了家中，初春時節，在開滿粉紅花瓣的櫻桃樹下，伴著柔柔的和風，蒂姆再次為母親拉起了小提琴。

　　他知道，母親一定聽得到自己的琴聲，因為她是用心去感受兒子的愛和夢想。雖然他當年在母親那兒得到的只是無聲的鼓勵，但這其實是一個偉大母親奉獻給兒子最震耳欲聾的喝采！

10、一袋父母心

「爸，媽，我改！」那是兒子在父母來看望他期間說的唯一一句話，那簡短的四個字響徹天際，重重地砸在每一個犯人的心裡。

那年，他正在服刑。當他看到別人的家人時常來看望時，他十分羨慕，於是他開始寫信給家裡，每月領到的費用都用在買信封和郵票上。

可是，半年過去了，他的家人還是沒有來，最後他終於急了，給家裡寫了一封絕交信。他的爸媽就他一個孩子，其實早就想來看他了，只是因為家中實在太窮，幾千塊的路費都借不到。當他們接到孩子的絕交信時再也坐不住了，經過一番認真的考慮和準備，決定去看兒子。

父母借來了村裡的板車，仔細檢查輪胎有沒有漏氣。感到沒有什麼大問題了，就把家裡僅有的一條稍新點的被子鋪到車上，然後出發。

在路上，老夫妻始終保持一個拉車，另一個在車上休息，誰累了誰休息，但板車不能停。老先生不忍心讓另一半累到，就埋頭拉車，被催得急了，才換班休息。

因為走的路遠，老人的鞋子很快就磨破了。出現這種意

外他們當初可沒有想到，當老婆婆幫另一半挑出扎在腳中的刺時，氣得直搖頭，嘴裡不住地嘆氣，可是路還是要趕。從清晨到晚上，一直走到天黑看不清楚東西才找個木棍把車一撐，二人在大地裡睡一會。等天剛濛濛亮，又開始趕路⋯⋯就這樣，一百多公里的路程，他們走了三天二夜才到達。

那天他們來時，很多犯人都在場。犯人們得知老夫妻從百公里之外徒步來看兒子，都震驚了！尤其看到那雙磨破的鞋中探出的黑色腳趾，圍觀的犯人都掉了淚，連監所管理員也轉過身去擦眼淚。

這時，只聽「撲通」一聲，兒子重重地跪在了父母面前。見此情景，幾個犯人趕忙上去拉他，可是無論如何，他就是跪在地上不起來。監所管理員說話了：「誰也別管他，他也該跪跪了。」說完撇下了他，硬拉著老夫妻到餐廳，並吩咐廚師趕快做些湯麵。

片刻工夫，滿滿二大碗湯麵端了上來，看樣子老夫妻是真的餓壞了，也沒有多推讓，也不往椅子上坐，原地一蹲，便大口大口地吃了起來，不一會就把麵條吃得精光，直吃得滿頭大汗。

吃完之後，監所管理員又過來了，手裡握了一把鈔票：「這是我們幾個人湊的幾千元，錢不多，算我們一點心意。」然而不管怎麼說他們就是不肯收，嘴裡還直念叨：「這就夠麻煩的了，怎麼能要你們的錢呢！」他們轉過身對仍在地上跪的兒子說：「孩子，你在這裡一定要好好反省，等明年麥收了，我們再來看你⋯⋯。」

本來，一般家屬看望時間只有半個小時，監所管理員覺得老夫妻來一次不易，就盡量放寬時間。最後，他們無聲地端詳了孩子好久，才依依不捨地上路了。臨走時又費力地從板車上拖下來一個大麻袋，說是怕孩子在這吃不飽，給他留點吃的，等兒子餓的時候慢慢吃。

　　看著老人一步三回頭漸漸遠去的背影，兒子在地上跪著，滿面淚痕。犯人們心裡一陣發酸，同時也納悶，這麼一大麻袋都是什麼吃的？既然他們帶吃的了怎麼還餓成那樣？有二個犯人上前幫忙撿起麻袋。其中一個不小心，手沒有抓住麻袋的袋口，「砰」地一聲麻袋摔在地上。

　　一下子，一堆圓圓的東西亂蹦亂跳地滾了一地！仔細一看，滿地骨碌滾動的都是饅頭，足足有幾百個！大的，小的，圓的，扁的，竟然沒有一個一樣……顯然，它們並非出自一籠，而且這些饅頭已經被晾得半乾了。

　　看到這些，犯人們的臉好像被人狠狠地扇了一記耳光，火辣生疼！這些在「道上」素以「鐵石心腸」著稱的犯人，在這剎那間再也控制不住自己的情緒了。他們就在兒子的身邊，「撲通撲通撲通」地一個個跪了下去……。

　　跪在地上的兒子不敢想像父母徒步百里看兒子的情景，更不敢想像，老夫妻是怎麼挨家挨戶討要這麼多的饅頭！最讓兒子心痛的是，怕他一時吃不完壞了，他們一人拉車，一人在車上晾饅頭……。

　　其實他們哪知道這裡的飯菜量，這裡的饅頭一個就有一斤重……這麻袋裡裝的不是饅頭啊，分明是一袋鮮活的心，

一袋父母心！它刺痛著兒子的眼睛，更刺痛著兒子的靈魂！

兒子撕心裂肺地嘶喊：「爸，媽，我改！」那是兒子在爹娘來看望他期間說的唯一一句話，那簡短的四個字響徹天際，重重地砸在每一個犯人的心裡。

11、未上鎖的門

　　父母對子女的愛是最偉大的，它沒有任何附加條件。無論你優秀還是普通，甚至是……父母的愛之門永不會關閉。

　　在蘇格蘭的格拉斯哥，一個小女孩像今天許多年輕人一樣，厭倦了枯燥的家庭生活和父母的管制。

　　她離開了家，決心要做一個自由的人。可是不久，在經歷多次挫折打擊後，她日漸沉淪，終於走上街頭，開始出賣肉體。許多年過去了，她的父親死了，母親也老了，可是她仍在泥沼中醉生夢死。

　　這期間，母女從沒有什麼聯繫。可是當母親聽說女兒的下落後，就不辭辛苦地找遍全城的每個街區、每條街道。她每到一個收容所，都哀求道：「請讓我把這幅畫貼在這兒，好嗎？」畫上是一位面帶微笑、滿頭白髮的母親，下面有一行手寫的字：「我仍然愛著你……快回家！」

　　幾個月後，沒有什麼變化。桀驁的女孩懶洋洋地晃進一家收容所，那兒，正等著她的是一份免費午餐。她排著隊，心不在焉，雙眼漫無目的地從佈告欄裡隨意掃過。就在那一瞬間，她看到一張熟悉的面孔：「那會是我的母親嗎？」

　　她擠出人群，上前看。不錯！那就是她的母親，底下有

行字:「我仍然愛著你……快回家!」她站在面前,泣不成聲。這會是真的嗎?

　　這時,天已黑了下來,但她不顧一切地向家奔去。當她趕到家的時候,已經是凌晨了。站在門口,任性的女兒遲疑了一下,該不該進去?終於她敲響了門,奇怪!門自己開了,怎麼沒鎖?!不好!一定有小偷闖了進去。記掛著母親的安危,她三步併作兩步衝進臥室,卻發現母親正安然地睡著。她把母親搖醒,喊道:「是我!是我!女兒回來了!」

　　母親不敢相信自己的眼睛。她擦乾眼淚,果真是女兒,母女倆緊緊抱在一起,女兒問:「門怎麼沒有鎖?我還以為有小偷闖了進來。」

　　母親柔柔地說:「自從妳離家後,這扇門就再也沒有上鎖。」

12、女兒的跪求

　　如果不接受她的腎移植，她就辭去工作，日日夜夜跪在父親病床前，直到父親離去。

　　現在的韓遠德，看上去很健康、很開心。提到女兒為自己捐腎的事情，四十八歲的韓遠德滿眼淚水……。

　　一九九七年初，韓遠德開始無緣無故感到疲憊，腿腳也有些浮腫。經檢查是慢性腎炎晚期，極有可能轉化為尿毒症。為了不影響三個兒女讀書，韓遠德和老婆將病情的嚴重性隱瞞了下來。從此，中藥、西藥伴隨著韓遠德度過每一天。

　　孩子們看到父親每天大把的吃藥不禁產生了疑問，每次韓遠德都騙孩子說只是身體有些不舒服。看著父親每天努力上班，每天滿臉笑容，孩子們沒有往別的方面想。

　　一九九九年四月的時候，韓遠德的病情已經非常嚴重了，每週都要洗腎。而公司也面臨困境，薪水發放都很困難，更無力為他報銷醫藥費。

　　就在這一年，女兒韓瑜考上了師範學院，四年的學費要幾十萬元。韓遠德決定放棄治療讓女兒上學。為了讓父親繼續治療，二個兒子決定一起打工來支付父親的醫藥費。

　　四年後，韓瑜師範畢業，在一所小學當老師。此時，韓遠德的病情已經惡化，每週要洗腎二次。三兄妹的收入已經不夠支付父親的醫藥費，唯一的希望是換腎，但巨額的費用家裡又無法負擔。一天，哥哥韓偉在電視上看到，如果親屬捐贈的話，就可以節省很大一部分費用，而且成功率很高。他打電話叫回了弟弟韓果，但三兄妹在商議之時產生了矛盾。

　　十一月，韓偉和韓果趁妹妹上班的時候，騙父親說某家醫院的一種偏方很有效，將父親偷偷帶到醫院做檢查，豈料這次檢查讓兄弟倆大失所望：韓偉的左腎偏小，韓果有 B 肝病毒帶原，他們的腎都不能移植。

　　但知道了實情的父親卻鬆了一口氣，他為兒子們的孝順感到高興，但他也不願為了自己傷害孩子的身體。回家後他們將檢查的事情對妹妹隱瞞了，但誰也沒有想到的是，妹妹韓瑜也悄悄到醫院做了檢查，結果是：雙腎非常健康，並且配對也和父親非常吻合。但韓遠德拒絕了女兒的孝心。

　　為了讓父親接受換腎，兄妹三個在父親病床前求了一個多月，但父親始終不肯答應，最後韓瑜跪在地上「要挾」父親：如果不接受她的腎移植，她就辭去工作，日日夜夜跪在父親病床前，直到父親離去。

　　幾個小時的跪地「自罰」終於打動了父親的心，韓遠德含淚答應了。二〇〇三年一月二十四日，父女倆成功地進行了移植手術。在知道他們的感人故事後，一家藥廠連絡到了韓遠德，優惠提供他所需藥物，一家高爾夫球俱樂部也為韓

偉安排了工作，母親也做起了保姆。

第二章
愛情

　　愛情是人類最永恆、最持久的生命之火，是人生中最亮麗、最迷人的嬌豔之虹，是人性中最真摯、最純真的情感之花。英國大文豪莎士比亞曾說過：「愛情是生命的火花，友誼的昇華，心靈的吻合。如果說人類的感情能區分等級，那愛情該是屬於最高的一級。」

13、為愛放棄

　　婚期漸近，他一天天消瘦下去，憂心如焚。一點一滴，她都看在眼裡。終於，在他婚期的前一個星期，她悄無聲息地離開了他。

　　直到坐上遠去的火車，看著這個熟悉的城市漸行漸遠，她的淚才落了下來。開始和他相戀時，她也想過會是這樣的結局，但還是抱有幻想。那時候總以為自己的愛情會與別人不同，到最後才發現，所有的故事竟是如此驚人地相似。

　　他們第一次見面時，她是一家室內設計公司的設計師。四個月之後就要結婚的他來找她，是為了裝潢結婚的新房。

　　在她眼前出現的這個男人，頭髮乾爽，笑容明朗，眼睛裡有童真閃現，開口說話，聲音乾淨而有磁性。他看到的這個女子，素淨的一張臉，稍顯蒼白，說話時嘴角有淺淺的笑意。

　　目光交錯，二個人都暗暗心驚，從前，心裡那個模糊的影像倏然清晰。她只覺得之前空著的心，突然就滿了。兩天後，他去看設計圖。這一次，又吃了一驚，整體風格簡潔鮮活，局部細緻入微，從裡到外絲絲入扣，正是他喜歡的類型。雙目對視，彼此心領神會。

很快，他們真的就開始相愛了，頻頻私下約會，感情如火如荼。雖然是一段見不得陽光的感情，卻是她生命裡最燦爛的一段時光。她在深夜裡偷偷溜出來，和他一起去看月亮；他帶她去看花，黃燦燦的花朵漫山遍野，她在花叢中笑得像個純真的孩子。即使在屋子裡看他做蛋炒飯，她也覺得幸福，油濺得他一身，她快樂地大聲尖叫……。

她能從他的眼睛裡感覺到愛，她多麼希望自己能留住幸福，可是他的婚期已定，幾個月後，這段感情如何歸屬？不顧一切，帶著她離開這個城市？可是這裡有他年邁的父母需要奉養，他的事業正如日中天，更何況，還有那個已經許諾了婚期的女人，不負責任地一走了之，不是他的處事風格。說到底，他也不過是個普通的男人。

婚期漸近，他一天天消瘦下去，憂心如焚。一點一滴，她都看在眼裡。終於，在他婚期的前一個星期，她悄無聲息地離開了他。

許多年後的一天，在朋友的聚會上，他喝多了，和朋友們說起當年和她的那段感情，便有人笑他：「那種感情你也當真？擺明了她是在遊戲啊，不然她為什麼不辭而別？愛就應該堅持下去。」他當場就和那人翻了臉，摔破了酒瓶，紅著眼睛大叫：「你知道什麼？她主動離開，是因為不願意看我那樣掙扎，不願意讓我眾叛親離啊……」，話沒說完，他便當著那麼多朋友的面哭了。

很久之後，她從朋友那裡輾轉聽到他的這番話，欣然淚落。原來，他一直是懂得她的啊。她想起許多年前讀過的一

首詩：「許多時候，正是為了愛，才悄悄走開。」

14、側耳聆聽你的心跳

她不知道的是他藏在衣櫃底層的小盒子，她在偶然間發現，好奇地打開時，看見他的舊結婚照。含笑的新娘看來好面熟，好像⋯⋯她凜然一驚，匆忙找出收存的換心剪報，不待對比，就知道是同一個人，那個把心捐給她的女子。

一直不知道他是怎麼愛上她的。

他最喜歡像個孩子般趴在她懷裡，臉頰緊貼著她的胸脯，側耳聆聽她心跳的聲音。

「側耳聆聽她心跳的聲音。」這是她大一時寫的詩；她從小就覺得自己的心跳特別快，有時候運動稍微激烈些，心臟就好像要從嘴裡跳出來似的；即使漸漸長大，仍然是只要爬上兩層樓，就彷彿聽到自己心跳的聲音，撲騰撲騰。

撲騰撲騰，她撫著劇烈跳動的胸口詢問父親，爸爸低頭嘆氣，媽媽又流了一臉的淚。

終於，她知道了自己有先天性心臟病，她也流了一臉的淚。但她後來就堅強了，不再怕病床、怕高懸的點滴瓶、怕護士的白口罩，有時候還能平靜地看著儀器上自己心跳的起伏，不知道什麼時候會變成死寂的橫線。

上帝大概沒有把她收回去的意思：三十歲那年，她終於等到了願意把心捐給她的人。手術前一天晚上她哭了一整夜，哭濕了白被單和枕頭，她哭自己終於重新拾回了生命，也哭那個失去生命卻救了她的人。

　　她只知是個和自己同年齡的女子，結過婚，猝死於一場車禍；無從表達對那人的感激，她剪存了報導她換心手術的新聞，上面並列著她們二人的照片。

　　然後他就出現了。起初他在病房徘徊，她還以為是記者，後來卻成了常來聊天的訪客，在百無聊賴的病房中，她常為了期待他而忙著在病床上梳妝；初戀的喜悅強烈地衝擊著她，畢竟由於自己生來脆弱的心，她連接吻也不曾有。

　　這一次她可以放心地吻了；別人的心在自己胸腔裡規律地跳動著。她的心跳不再強烈，卻十分安穩，她真的「放心」了，將半跪的他緊擁在胸前，她答應了婚事。

　　但她仍然不知道為什麼會有人愛她，自己不過是個殘缺的人，依舊虛弱的身子，胸前永遠的疤痕……他竟然毫不嫌棄地、熱烈地愛著她；每次她追問原因，他總是笑而不答，也許歷經滄桑的人感情較內斂吧，她知道他曾有過一次婚姻，但很快失去了。

　　她不知道的是他藏在衣櫃底層的小盒子，她在偶然間發現，好奇地打開時，看見他的舊結婚照。含笑的新娘看來好面熟，好像……她凜然一驚，匆忙找出收存的換心剪報，不待對比，就知道是同一個人，那個把心捐給她的女子。

那顆心正在她胸中劇烈地跳著，撲騰撲騰。

15、幹嘛對我這麼好

「嗯，那就可以找到更好的男人，不是嗎？很晚了，家裡的湯要冷了，我送妳回去。」男人站起身，想送女人。

男人和女人坐在桌旁，安靜地享用著燭光晚餐。

「我喜歡你。」女人一邊擺弄著手裡的酒杯，一邊淡淡地說著。

「我有老婆。」男人摸著自己手上的戒指。

「我不在乎，我只想知道你的感覺。你喜歡我嗎？」

意料中的答案。男人抬起頭，打量著對面的女人。二十四歲，年輕，有朝氣，相當不錯的年紀。白皙的皮膚，充滿活力的身體，一雙明亮、會說話的眼睛。真是不錯的女人啊，可惜。

「如果你也喜歡我，我不介意做你的情人。」女人終於等不下去了，追加了一句。

「我愛我老婆！」男人堅定地回答。

「你愛她？愛她什麼？現在的她，應該已經年老色衰，見不得人了吧？否則，公司的晚宴，怎麼從來沒看到你帶她來……」，女人還想繼續，可是接觸到男人冷冷的目光後，便

打消了念頭。

「妳喜歡我什麼？」男人沉默了很久，終於開口了。

「成熟，穩重，動作舉止很有男人味，懂得關心人，很多很多。反正，和我之前見過的男人不同。你很特別。」

「妳知道三年前的我，是什麼樣子？」男人點了根菸。

「不知道。我不在乎，即使你坐過牢。」

「三年前，我就是你現在眼裡的那些普通男人。」男人沒理會女人，繼續說，「大學畢業後，工作不順心，整天喝酒、發脾氣。對女孩子愛理不理，也因為去酒店找小姐，被警察抓過。」

「後來呢？」女人有了興趣，想知道是什麼原因讓男人轉變的。「因為她？」

「嗯。」

「她那個人，好像總能很容易就看到事情的內在。她教我很多東西，讓我別太計較得失，別太在乎眼前的事；讓我盡量待人和善。那時的我在她面前，就像少不更事的孩子。也許那感覺，就和現在妳對我的感覺差不多。那時真的很奇怪，脾氣倔強的我，只是聽她的話。我按照她說的接受現實，知道自己沒用就努力工作。那年年底，我工作上稍微有了點起色，我們結婚了。」

男人彈了彈菸灰，繼續說著。

「那時，真是苦日子。兩個人，一張床，家裡的家具也少

得可憐。知道嗎？結婚一年，我才為她買了第一顆鑽戒，存了大半年的錢呢。當然，是背著她存的，如果她知道了一定不讓我買。」

「那陣子，菸酒弄得身體不好。大冬天的，她每天晚上睡前還要幫我熬湯喝。那味道，也只有她做得出。」

男人沉醉於回憶裡，忘記了時間，只是不停地講述著往事。而女人，也絲毫沒有打擾的意思，只是靜靜地聽著。等男人注意到時間時，已經晚上十點了。

「啊，對不起，沒注意時間，已經這麼晚了。」男人歉意地笑了笑。

「現在，妳可以理解嗎？我不可能，也不會做對不起她的事。」

「啊，知道了。輸給這樣子的人，心服口服。」女人無奈地搖了搖頭，「不過我到了她的年紀，會更棒的。」

「嗯。那就可以找到更好的男人，不是嗎？很晚了，家裡的湯要冷了，我送妳回去。」男人站起身，想送女人。

「不用了，我自己回去就可以了。」女人揮了揮手，「回去吧，別讓她等急了。」

男人會心地笑了笑，轉身要走。

「她漂亮嗎？」

「……嗯，很美。」

男人的身影消失在夜色中，留下女人，對著蠟燭發呆。

男人回到家，推開門，走到臥室，打開了檯燈。他沿著床邊坐了下來。

「老婆，已經第四個了。幹嘛讓我變得這麼好，好多人喜歡我呀。搞不好我會變心呀。幹嘛讓我變得這麼好，自己卻先走了？我，我一個人，好孤單呀。」

男人哽咽地說著，終於泣不成聲。眼淚，一滴滴地從男人的臉頰流下，打在手心裡的相框上。昏暗的燈光中，舊照片裡，瀰漫著的是已逝女子淡淡的溫柔！

16、肩上的蝴蝶

他看著最愛的人被那男人戴上新婚的戒指，然後看著他們甜蜜地親吻著，蝴蝶流下了傷心的眼淚。

在一個祥和而美麗的小鎮上，有一對非常相愛的男女，他們常常相依在山頂望日出，相偎在樓上送夕陽，每個見過他們的人都不禁會露出羨慕的目光。

可是，有一天女人不幸受了重傷，她躺在醫院的病床上幾天幾夜都沒醒過來。白天，男人就守在床前不停呼喚著毫無知覺的另一半，晚上他就跑到鎮上的小教堂裡向上帝祈禱，他幾乎要瘋掉了。

一個星期過去了，女人依然如故地昏睡著，而男人早已變得憔悴不堪了，但他仍然在苦苦地支撐著。終於有一天，上帝被這個痴情而執著的男人感動了，於是他決定給這男人一個例外。

上帝問他：「你真的願意用自己的生命來交換嗎？」

男人毫不猶豫地回答：「是的。」

上帝說：「那好吧，我可以讓你的另一半很快就好起來，但是你要答應化作三年的蝴蝶，這樣的交換你也願意嗎？」

男人聽了激動而堅定地回答道：「我願意！」

天亮了，男人已經變成了一隻美麗的蝴蝶，他告別了上帝便匆匆地趕回了醫院。結果那女人真的醒了，而且她正在跟一位醫生交談著什麼，可惜他聽不到，因為他飛不進那間屋子，他只能隔著玻璃窗遠遠地望著自己心愛的人。

幾天後女人便康復出院了，但是她並不快樂，她向每個路人打聽男人的下落，但沒人知道男人究竟去了哪裡。女人整天不吃不睡地尋找著，她是那麼思念他，那麼想見到他，然而早已變成蝴蝶的男人卻無時無刻都圍繞在她身邊，只是他不會呼喊，不會擁抱，他只能默默地承受著她的視而不見。

夏天結束了，涼涼的風吹落了樹葉，蝴蝶不得不離開這裡了，於是他最後一次飛落到女人的肩膀上，他想用自己輕薄的翅膀撫摸她的臉，用細小的嘴來親吻她的額頭，然而他微弱的身體實在不足以被她發現，一陣悲傷的哭泣聲也只有蝴蝶自己聽得見，他只好戀戀不捨地告別了戀人，飛向了遠方。

轉眼間，很快便到了第二年的春天，蝴蝶迫不及待地飛回來尋找自己的另一半，然而熟悉的身影邊竟站了一個帥氣的男人，那一瞬間蝴蝶幾乎要從半空中墜落下來，他實在不相信自己眼前的場景，更不相信人們口中的談論。人們講述著聖誕節時女人病得有多嚴重，描述著凱有多麼的細心善良，還描述說他們的愛情有多麼的理所當然，當然也描述了女人已經快樂如從前……。

蝴蝶傷心極了，接下來的幾天，他常常會看到自己的戀人和那個男人到山上看日出、在遠方送日落，曾經屬於自己的一切，轉瞬間主角換成了另一個男人，而他，除了偶爾能停落在她的肩膀上之外，竟什麼都做不了。

　　這一年的夏天特別長，蝴蝶每天痛苦地低飛著，他已經再沒有勇氣接近自己所愛的人，他和那女人之間的喃喃細語，他和她快樂的笑聲都足以令自己窒息死去，於是在夏天還沒結束之前，蝴蝶便早早地飛走了。

　　花開花落，花落又花開，對於一隻蝴蝶來說，時間似乎只意味著這些。第三年的夏天，蝴蝶已經不再經常去看望自己的戀人了，她輕靠著男人的肩，輕吻著男人的唇，根本就沒有時間去留意一隻心碎的蝴蝶，更沒有心情懷念過去。

　　上帝與蝴蝶約定的三年很快就要結束了，就在最後一天，蝴蝶的戀人跟那個男人舉行了婚禮。小教堂裡坐滿了人，蝴蝶悄悄地飛了進去，輕落到上帝的肩膀上，他聽著下面那熟悉的面孔對上帝發誓說：我願意！他看著他所愛的人被那男人戴上新婚的戒指，然後看著他們甜蜜地親吻著，蝴蝶流下了傷心的眼淚。

　　上帝心酸地嘆息著：「你後悔了嗎？」

　　蝴蝶擦乾了淚：「沒有。」

　　上帝又帶著微笑說：「明天你就可以做回你自己了。」

　　蝴蝶搖了搖頭：「就讓我做一輩子的蝴蝶吧……。」

17、生命的呼叫

　　第六十次，第六十一次……男孩一次又一次向女孩傳送呼叫，一次又一次為女孩注入生命的活力，一次又一次把女孩從死亡的邊緣拉回。

　　男孩送給女孩一台中文呼叫器，溫柔地對她說：「我以後再也不怕找不到你了。」女孩調皮地說：「如果我離開這座城市，你就呼叫不到我了。」男孩得意地搖搖頭：「我可是辦了漫遊的，無論你走到哪裡我都能呼叫到你。」

　　女孩問他呼叫器號碼是什麼，男孩說：「這是愛情專線，號碼不公開。」從此，女孩每天都把它帶在身邊，一刻也不離開。

　　在一個陽光明媚的週末，女孩只留了一張字條給父母，就坐上汽車奔向鄰近的城市玩，但是沒有人知道女孩正在走向一場災難……。

　　女孩玩了一天，拖著沉沉的腳步找到了一間附浴室的小旅館。一走進房間，女孩迫不及待地走進浴室，想洗去一身的疲憊。

　　當女孩正準備洗澡的時候，腳下一陣晃動，她急忙扶住一根鐵管，心想是錯覺。但跟隨第二次晃動的還有急促和沉

悶的斷裂聲，女孩開始顫抖，她知道可怕的地震來了。

隨著第三、第四次更加猛烈的震動，無邊的黑暗和恐懼把女孩緊緊地包圍起來。女孩像一隻受傷的野獸，拚命放聲哭泣號叫，拚命拍打、撕咬浴室的門板。然而一切都是徒勞的，女孩無力地蜷縮在陰涼冷漠的地上。

不知過了多久，女孩的腰間忽然一陣震動，是呼叫器。女孩匆匆摘下它，在黑暗中摸索著按下按鍵，看到了綠色的光芒：「張先生請你七點鐘到老地方見面。」讀著這句話，女孩的淚水又一次湧出來，滑過嘴角，鹹澀澀的。

想著電話那邊的他，女孩再一次嘗試走出困境，但仍然只有徒勞與絕望。

女孩跌坐在地上，把自己蜷縮成一團，眼睛盯著呼叫器的螢幕。

不知過了多久，女孩睡著了，又不知過了多久，呼叫器再一次在女孩的手中震動了：「張先生問妳在哪裡，請速回電話。」女孩再一次流下眼淚：我想告訴你我在哪裡，但是我辦不到啊。

女孩漸漸平靜了下來，面對無法挽回的死亡，女孩不知道自己還能做些什麼。

呼叫器第三次震動：「去了妳家，看到妳留下的字條，請火速回家。」

女孩的心開始躁動。

呼叫器第四次震動：「我聽到廣播，知道妳那裡發生了什麼，相信妳此時正拿著呼叫器讀我的話，我們很快會見面的。」似乎有一縷曙光在女孩的眼前閃過。女孩期待呼叫器第五次震動，此時呼叫器成了她唯一的寄託。

時間一分一秒地過去，呼叫器像一個疲憊的孩子一樣睡著了。

第五次震動終於來了：「我去找妳，路不通，想盡各種辦法還是無功而返。我相信妳不會有事的，妳是一個聰明又好運的女孩，我期待妳的歸來！」

第六次、第七次……女孩在男孩一次又一次的呼叫中度過了一個又一個恐懼與絕望的時刻，不知不覺已經兩夜了，死亡的陰影越來越緊地裹住女孩的全身，她彷彿看到自己體內的鮮血和肌肉正被一條黑色的巨蛇一口一口貪婪地吞噬。

女孩覺得自己快不行了，連哭泣的力量都沒有了，她的思緒開始混亂，感覺自己在往下沉……。

就在沉到底的時候，呼叫器第三十八次，也許第四十八次、第五十八次震動起來，那震動像磁鐵一樣，牢牢地吸住了女孩體內殘餘的所有能量。「我們什麼時候結婚？舉行哪些儀式？從現在開始我們分別想一下，之後選出最佳方案。」

結婚，婚禮，實在太誘人了，女孩陷入了遐想之中：海底婚禮？像魚一樣自由自在穿梭在海洋世界……跳傘婚禮？與白雲並肩飛在空中……。

女孩再一次振作起來，是啊，那麼美好的人生在等著我呢！！！

第六十次，第六十一次……男孩一次又一次向女孩傳送呼叫，一次又一次為女孩注入生命的活力，一次又一次把女孩從死亡的邊緣拉回。

漫長的四個晝夜之後，女孩獲救了。當她看到男孩慘白的臉、布滿血絲的眼睛時，她一下子明白了，世間最為珍貴的就是——愛。

女孩在擔架上輕輕拉住男孩的手，柔柔地說：「我是你今生的新娘。」

18、大碗和小碗的故事

「你不要騙我了，吃的是小碗，你一直瞞著我。」女的失聲哭了起來。「我不餓，真的不餓，妳 ……妳別這樣，路人看了多不好……」，男的有些手足無措，扯起衣袖為妻子擦淚。

像往常一樣，中午午餐，葉絡又去了那家小吃店，要了一碗麵。剛吃了幾口，這時進來一對中年夫婦，男的一隻眼睛看不見了，身後背著一把二胡；女的是個盲人，在男的攙扶下，摸索著坐到葉絡對面的椅子上。

大概是街頭藝人吧，葉絡想。

「大碗豆花米粉，兩份。」男的將二胡靠在牆角。

剛坐下來，男的又起身去拿筷子，順便付了錢，又向店員說了幾句什麼。

一會兒，米粉上來了，卻是一大一小兩碗。男的仔細地將豆花米粉弄碎、拌勻，然後將大碗遞給女的。

女的吃了兩口問：「你呢？」

「我也是豆花米粉，大碗的，夠了。」

葉絡有些吃驚——

「這種不是大碗的。」坐在葉絡旁邊的一個小男孩忽然說。他一定以為這個叔叔弄錯了，卻付了大碗的錢。

中年男子並沒有抬頭，繼續低頭吃著。

「叔叔，你吃的這種不是大碗的。」小男孩以為他沒聽見，重複道。

中年男子慌忙抬頭，向男孩擺擺手。

「多嘴！」小男孩的母親厲聲喝斥。

「本來就是嘛。」男孩一臉委屈。

正吃米粉的女人停了下來，側著頭辨別聲音的方向，她的臉輕輕地抽搐了一下。

吃完米粉，他們攙扶著走出了小吃店。

葉絡被這一對盲人夫婦感動了，默默地走在他們後面。

「今天吃得真飽。」男的說。

女的沉默了一會兒——

「你不要騙我了，你吃的是小碗，你一直瞞著我。」女的失聲哭了起來。

「我不餓，真的不餓，妳……妳別這樣，路人看了多不好……」，男的有些手足無措，扯起衣袖為妻子擦淚。

19、只為找到你

文這時候才想起打開手機。只見上面有一則未讀的留言:「你忘記了嗎?今天是我們的結婚週年紀念日呀!我去找你了寶貝,別亂跑,我帶著傘呢!」她走在找他的路上,並且,永遠不會再醒來了。文淚流滿面,一遍遍地看著這則簡訊,文覺得那一個晚上他輸了整個世界!

文和芳熱戀很久,終於結婚了。一天,文帶芳去百貨公司為她買戒指,沒想到看到那些琳瑯滿目的金銀首飾時,她猶豫了。

她吞吞吐吐地說:「我不要這個,給我買個呼叫器吧。」那時候,呼叫器還是比較新鮮的玩意,價格不比戒指便宜多少。

文聽了有點意外,因為文知道妻子一向是不跟流行的。最後,在她的堅持下,文就用買結婚戒指的錢買了一台漂亮的呼叫器。

他們一回到家,妻子就把呼叫器別到了文的腰上,文驚詫地問:「這個是送給妳的,妳怎麼幫我戴上了?」妻子笑吟吟的,還帶著點得意地說:「這樣,我就可以隨時找到你了!你答應我,不管什麼時候,不管什麼時間,不管你有多忙,

只要我呼叫你，你一定得回我電話！」這天夜裡，他們兩人在被窩裡一遍遍地試著呼叫器的鈴聲。他們覺得，生活就像這鈴聲，響亮、悅耳，充滿著憧憬和希望。

從這天開始，文的呼叫器常常會傳來這樣的訊息：「老公，下班了買點菜回家。」「老公，我想你，我愛你。」「老公，晚上一起去媽媽家吃飯。」每次看到這些，文的心裡便覺得十分溫暖。只要可能，即使不需要回電話，他也會打個電話過去，聽聽她的聲音。

有一次，他忘了幫呼叫器換電池，又恰好陪主管巡視，應酬到半夜才回到家，推開房門一看，文發現妻子早已哭紅了眼睛。原來從文下班的時候起，她每隔十五分鐘就呼叫他一次，文越不回她就越著急，總以為發生了什麼意外，後來變成每隔十分鐘呼叫他一次，文推開家門時，她剛把話筒放下。

文對妻子的小題大做有點不以為然：「我又不是小孩子，還會出什麼事情？」妻子卻說有一種預感，覺得文不回電話就不會回來了，文拍拍妻子的腦袋，笑了：「傻瓜！」不過，從此之後文一直沒有忘記在口袋裡放一顆備用電池。

後來文升了職，有了錢，呼叫器也換成了手機。突然有一天，文想起欠著妻子的那枚戒指，便興沖沖地拉著芳去百貨公司。可是到了那裡，看著電視廣告天天播放的白金鑽戒，她又猶豫了。

她說：「幫我買一支手機吧。」文反問：「家裡有電話，妳又不常出門，要手機幹什麼？」老婆說：「白金鑽戒那麼

貴，套在手指上有什麼用啊？那款手機我早看中了；再說，以後我要找你，就算你在廁所裡，也能和我通話了。」說到這裡，她得意洋洋地笑了。

那天，手機開通了簡訊服務。他們一個在臥室，一個在客廳，互相發著簡訊，玩得高興極了。晚上，文收斂了笑容，一本正經地對她說：「以後不要隨便打手機和發簡訊給我了，我經常開會，還有一些嚴肅的場合，老跟你聊私事不方便。」老婆一聽不高興了：「那我要找你怎麼辦啊？」「愛怎麼辦就怎麼辦。」文也有點不耐煩了：「我又不是小孩子，整天找我幹嘛？」

就在幫妻子買手機後不久的一個夜裡，文和同事到另一個朋友家裡打牌，起初只是一百元、五十元地玩，後來越玩越大。正玩到興頭上，妻子用手機打電話來了：「你在哪裡？怎麼還不回家？」「我在同事家裡打牌。」「你什麼時候回來？」「等會兒吧。」

輸了贏，贏了輸，妻子的電話也打了一次又一次。外面下起了大雨，同事提議玩一個晚上，這時妻子的電話又響了：「你究竟在哪裡？在幹什麼？快回來！」「不是告訴過妳了嗎？我在同事家玩，下這麼大的雨我怎麼回去！」「那你告訴我你在什麼地方，我來接你！」「不用了！」說完文就把電話掛了。一起打牌的朋友見了，都嘲笑文「妻管嚴」，一氣之下，文把手機關了。

天亮了，文輸得兩手空空，朋友用車子送他回家，不料家門緊鎖著，開門一看，妻子不在家。也就在這時，電話響了，是岳母打來的，電話那頭哭著說：「她深夜冒著雨出來，騎著腳踏車，帶著雨傘去你同事家找，找了一家又一家，路上出了車禍，再也

沒有醒來。」

　　文這時候才想到要打開手機，只見上面有一則未讀的留言：「你忘記了嗎？今天是我們的結婚週年紀念日呀！我去找你了寶貝，別亂跑，我帶著傘呢！」她走在找他的路上，並且，永遠不會再醒來了。文淚流滿面，一遍遍地看著這則簡訊，文覺得那一個晚上他輸了整個世界！

20、你將魚眼給了誰

他的妻子煮了一條魚，他忙著弄魚給她吃，挑起一大塊細白的魚肉放到她的碗裡，魚眼卻給了他的妻子。這麼多年，無論多苦多累都沒有掉過眼淚的她，忽然就哭了⋯⋯。

第一次跟他一起吃飯，是在一家海鮮餐廳。那時，她剛大學畢業，很矜持，只會靦腆地笑。

一條魚，一條叫不出名字的魚，是那天飯桌上唯一的一道葷菜。魚身未動，他先挾起魚眼放到她眼前：「喜歡吃魚眼嗎？」他問。

他告訴她，他很喜歡吃魚眼，小時候家裡每次吃魚，奶奶都把魚眼挑給他吃，說魚眼可以明目，小孩吃了心裡明亮，可是奶奶死了之後，再也沒有人把魚眼挑給他吃了。

「其實魚眼也沒什麼好吃的。」他笑著說，「只是從小被奶奶寵慣了，每次吃魚魚眼都要歸我——以後，就歸妳了，讓我也寵寵妳。」他深深地凝視著她。

她想不明白，為什麼魚眼代表著寵愛。但明白不明白無所謂，反正以後吃魚，他必會把魚眼挑給她，再慢慢地看她把它吃完。

慢慢地，她習慣了每次吃魚之前等著他把魚眼挑給她。

　　後來，她和他在一個寒冷的冬天分手了。那時他已在市區買下一間房子打算結婚，她哭著說她不能，不能在這個小城市過一生，她要的生活不是這樣的。剩下的話她沒有說——因為她年輕，她有才華，她不甘心在這個小城市待一輩子，做個小小的公務員，她要成功，要做女強人，要實現她年少時的夢想。

　　他送她時，她連頭都沒回一下，走得很堅決。

　　在外打拚多年，她的夢想終於實現了，擁有了一家規模很大的公司。可是愛情始終以一種寂寞的姿態存在，她發現自己根本就再也愛不上誰了。

　　這麼多年在外，每有宴席必有魚，可是再也沒有人把魚眼挑給她。她常常在散席離開時回頭看一眼滿桌的狼藉，與魚眼對視。

　　一次特別的機會，她回到了曾經生活過的那個小城。昔日男友已為人夫，她應邀去那所原本該屬於她的房子吃晚餐。

　　他的妻子煮了一條魚，他張羅著讓她吃魚，挑起一大塊細白的魚肉放到她的碗裡，魚眼卻給了他的妻子。這麼多年，無論多苦多累都沒有掉過眼淚的她，忽然就哭了……。

21、加鹽的咖啡

　　「原諒我一直都欺騙了你，還記得第一次請你喝咖啡嗎？當時氣氛很差，我很難受，也很緊張，不知怎麼想的，竟然對小姐說拿些鹽來，其實我從不加鹽的，當時既然說出來了，只好將錯就錯了。」

　　他和她的相識是在一個宴會上，那時的她年輕美麗，身邊有很多的追求者，而他卻是一個很普通的人。宴會結束，他邀請她一塊去喝咖啡的時候，她很吃驚，然而，出於禮貌，她還是答應了。

　　坐在咖啡館裡，兩個人之間的氣氛很是尷尬，沒有什麼話題，她只想盡快結束，好回去。但是當小姐把咖啡端上來的時候，他卻突然說：「麻煩你拿點鹽過來，我喝咖啡習慣放點鹽。」當時，她都愣了，小姐也愣了，大家的目光都集中到了他身上，以致於他的臉都紅了。

　　小姐把鹽拿過來了，他放了點進去，慢慢地喝著。她是好奇心很重的女子，於是很好奇地問他：「你為什麼要加鹽呢？」他沉默了一會，很慢的幾乎是一字一頓地說：「小時候，我家住在海邊，我老是在海裡泡著，海浪打過來，海水湧進嘴裡，又苦又鹹。現在，很久沒回家了，咖啡裡加鹽，

就算是想家的一種表現吧，可以把距離拉近一點。」

　　她突然被打動了，因為，這是她第一次聽到男人在她面前說想家。她認為，想家的男人必定是顧家的男人，而顧家的男人必定是愛家的男人。她忽然有一種傾訴的欲望，跟他說起了她遠在千里之外的故鄉，冷冰冰的氣氛漸漸變得融洽起來，兩個人聊了很久，並且，她沒有拒絕他送她回家。

　　再之後，兩個人頻繁地約會，她發現他實際上是一個很好的男人，大度，細心，體貼，符合她所欣賞的所有優秀男人應該具有的特性。她暗自慶幸，幸虧當時的禮貌，才沒有和他擦肩而過。

　　她帶他去遍了城裡的每家咖啡館，每次都是她說：「請拿些鹽來好嗎？我的朋友喜歡在咖啡裡加點鹽。」再後來，就像童話故事裡所寫的一樣，「王子和公主結婚了，從此過著幸福的生活。」

　　他們確實過得很幸福，而且一過就是四十多年，直到他前不久得病去世。臨終前，他寫了一封信，是寫給她的。

　　「原諒我一直都欺騙了妳，還記得第一次請妳喝咖啡嗎？當時氣氛很差，我很難受，也很緊張，不知怎麼想的，竟然對小姐說拿些鹽來，其實我從不加鹽的，當時既然說出來了，只好將錯就錯了。沒想到竟然引起了妳的好奇心，這一下，讓我喝了半輩子加鹽的咖啡。有好多次，我都想告訴妳，可是我怕妳會生氣，更怕妳會因此離開我。現在我終於不怕了，因為我就要死了，死人總是很容易被原諒的，對不對？今生得到妳是我最大的幸福，如果有來生，我還希望能

娶到妳，只是，我可不想再喝加鹽的咖啡了，咖啡裡加鹽，妳不知道那味道有多難喝。咖啡裡加鹽，我當時是怎麼想出來的！」

　　信的內容讓她吃驚，同時有一種被騙的感覺。然而，他不知道，她多想告訴他，她是多麼高興，有人為了她，能夠做出這樣一生一世的欺騙……。

第三章
友情

　　友情像一杯淡淡的水，是荒漠跋涉者對甘甜的渴求；友
情像一杯濃濃的咖啡，是苦澀者對生活的享受；友情像一杯
濃香撲鼻的烈酒，是快樂者對幸福的陶醉；友情像一帖良
方，是病痛者對生命的希望……。

22、結伴而行的魚

　　我們常常去摘校外田野裡的牽牛花，它象徵平淡無奇的感情。花早上開，很快就凋謝了，可是我們的友情雖然平淡，但卻不會凋謝。

　　我和衛華是高中同學，大學畢業後，他分到銀行，而我則進了司法院。我們是很要好的朋友。

　　要好的朋友是不在乎誰付出多少的。那時候，我們相互幫助，相互鼓勵，在一個陌生城市裡快樂地生活著。後來，我們都結婚了，更巧的是，我們的另一半都是白衣天使。他打趣地說，你和我的心是相連的，不成朋友都難。

　　要不是他一時的衝動，這種友情會持續下去，我想一定會天荒地老。

　　他為了買一棟豪宅，挪用公款八百萬元⋯⋯。

　　廉政署調查他的時候，他說的第一句話就是，我的朋友在司法院。這個朋友就是我，可是我無能為力。法律對於朋友是無情的。

　　他的老婆多次找到我。看她那痛哭流涕的樣子，我很難過，畢竟他們結婚還不到三年，剛有了個兒子。最後她說，

這是我們第一次求你，你幫幫忙吧。我堅決地說，這件事我幫不上忙。她擦乾眼淚，冷冷地說，朋友有什麼用！那語調裡是對「朋友」這字眼的絕望。那之後，她沒來過我們家。

我偶爾去監獄看他，他拒絕了我的探視。他只是傳話說，朋友有什麼用。

我希望透過時間來填補法律的無情。每逢過節，我都會和老婆去探監，去看望他的另一半，儘管會遭受冷落。終於有一天，他無奈地說，算了，朋友本來就沒有什麼用的。其實，我從骨子裡瞭解他，在他內心深處是不願失去我這個朋友的，正像我不願失去他一樣。

等他出獄那天，我和老婆都去接他。他的老婆一路上都在偷偷流淚。我說，來我家吧。他沒有拒絕，也沒有答應，隨我上了回家的計程車。那天，他喝得大醉。他問我，朋友有什麼用呢？我笑著說，沒有什麼用，朋友本來就是沒用的。他說，我不怨你。我笑了，笑裡面攙雜著淚水。

不久，他和他的老婆離開了這個本來就陌生的城市，去了另一個陌生的城市。我們很少再見面，偶爾有書信往來，都是些客套的話。他說，他和老婆都找到了一份還算可以的工作，孩子上了一所不錯的小學，我們不必牽掛。那之後，我們彼此為了各自的工作不停地忙碌著，但那份情感是無法忘卻的，有時候反而更濃。

前年，我生日那天，他寄來一封信，祝我生日快樂。信中夾著一朵風乾了的牽牛花。他在信中說，你還記得嗎？我們常常去摘校外田野裡的牽牛花。它象徵平淡無奇的感情，

花早上開，很快就凋謝了，可是我們的友情雖然平淡但卻不會凋謝。我和妻子讀著這封信，淚流滿面。

去年的國慶日，我們相約去爬山，在一個偌大的水庫前駐足。那清澈的水裡，一條條自由自在的魚結伴而游。我們相視一笑，我們多像那一條條游著的魚，只要能夠結伴就行了，這也許就是朋友的意義了。

23、這枝玫瑰代表友情

劉杰付給她五塊錢，挑了一枝含苞待放的玫瑰微笑著遞給了她。伸手接花時，她的手因激動而微微顫抖。這是一枝與愛情無關的玫瑰，卻是她生命裡最初也是最珍貴的一首友情絕唱。

大學開學的第一天，宿舍裡的一位女生一邊整理床鋪一邊問她：「阿姨，妳送的是誰？」天啊！她竟把她當成了送學生來上學的家長。

她漲紅了臉，像一個吃多了辣椒的孩子哼哼哈哈地說：「哦，不，不……」，話未說完眼裡早就浮上了一層水霧，那是一種近乎心碎的無地自容。

有時她真覺得老天對她好不公平。她不但長得很不好看，而且雪上加霜，一場病又毀掉了她的眉毛、睫毛，連頭髮也稀疏得只能勉強蓋住頭皮。而更讓她傷心的是，年紀輕輕的她，額頭、眼角已布滿了駭人的皺紋。一聲「阿姨」就像一把刀，輕易戳破了因為高分考上大學而勉強包在她心上的一層極薄的自信。

深夜，她躲進自己的小被子裡盡情地哭。未來、青春、愛情，所有這些女孩子值得驕傲和喜歡幻想的東西，只會讓

她自卑、孤獨和傷感。她渴望別人的理解和關懷，渴望有人越過她毫無光彩的臉，真誠地感受她火熱的內心。然而，她得到的都是失望和打擊。只有那一次，是個難以置信的意外。

數學系召開第一次全系會議，會上宣布了系裡錄取成績的前三名。她是第二名，心裡不覺湧動著一股驚喜的安慰。可是這一點可憐的驕傲卻被大家的目光從敬佩迅速轉為驚訝而掃除了。

她低著頭，比挨罵還難受。散會後為了避開別人的眼光，她故意留在後面，準備只有她一個人時再走。

突然一個聲音叫住了她，她回頭看見是「第一名」。他笑起來很文雅，讓人感到很親切。但她還是故意問了一下：「你是誰？」他的嘴角浮起一抹更濃的微笑：「我是主修電腦的劉杰。」她的心一沉，他和她同班。

在功課上她一向獨占鰲頭，現在卻多出了一個競爭者，她心裡不覺產生一股敵意。他彷彿對她的「巨變」毫無察覺，仍舊和顏悅色地問：「妳呢？妳也主修電腦？」她若有所思地「嗯」了一聲，這「嗯」裡全部是勝過他的決心。

在班上她很怕跟人接觸，而坐在她前排的劉杰一下課就轉過頭來問東問西，常常弄得她窘迫不安。她不知是因為她沒有給他驕傲女孩的感覺，才使他坦然自若地跟她接近，還是因為他想借此「偵探」她的學習狀況。總之，她不太相信他的善意，她的長相決定了她沒有這麼寬容的心。

一次自習課上，她又拿出了心愛的《紅樓夢》。劉杰轉過來，很隨意地從她手裡拿過書，然後笑起來：「這麼唬人，我看你都傷感成林妹妹了。」「我？林妹妹？你開什麼玩笑！」羞憤的眼淚直往外湧，他竟這樣戲弄她！她知道自己醜，可是他也不能含沙射影地說她東施效顰呀？

劉杰嚇得手足無措，面帶尷尬不停地說：「對不起。」她趴在臂彎裡，久久不肯抬頭。

此後劉杰頻頻轉頭，但一看見她陰沉的臉便欲言又止。有一次他轉過頭來無聲地想拿她桌上的一本書看一看，她一把握住，滿臉慍怒。他毫不介意也不放棄，她只得無奈鬆手。

劉杰送回的書裡多了一封厚厚的信：「於蓉，系裡第一次開會，我就佩服妳，一個女孩能考出那麼好的成績，需要付出多少汗水，擁有多少堅強！可是我從妳臉上沒有讀到一絲應有的自豪，也從那一刻起我就想做妳的朋友，一個真正的朋友。不管別人怎麼看妳，妳在我心裡總是和諧而美好的⋯⋯。」

一時之間她的眼淚恣意流淌，從來沒有人對她說過這樣的話，從來沒有人給過她這麼大的鼓勵和安慰。

期中考試她穩拿第一，劉杰不得不屈居第二，這使她在揚眉吐氣之際略有不忍。但劉杰卻大度地微笑著衝她豎起了大拇指，一段干戈就這樣輕易地化作了玉帛。此後，她和劉杰一起下棋，一起討論問題，一起嘀咕某某老師的討厭⋯⋯。

慢慢地，她感覺到了一個危險的信號，她不知不覺喜歡上了他，並期望整天跟他在一起。強烈的感情和內心的無望時時噬咬著她的堅強，脆弱的她甚至聽到一首傷感的歌都會淚流滿面。

有一次她夢見劉杰不知為何打了她一個巴掌，她哭著用力劃開了手腕，汩汩的鮮血染紅了她的夢。她驚悸得滿身冒冷汗，她想：我這樣的醜八怪喜歡他，連老天也會在冥冥中懲罰我。有時她又天真地想：我可以為他去整形，只要他肯等我。於是她開始存每一筆稿費，可是現實還是徹底地把她從想入非非中擊醒了。

一次隔著密密匝匝的常春藤，她聽到劉杰和他的朋友在談話，他們談論的是她和劉杰的關係。

依稀聽到劉杰的話：「我和她只是好朋友，她人很好，她需要友誼，對她來說一份真正的友誼比愛情更重要。我想幫助她讓她有信心發揮自己的聰明才智，期中考我故意寫錯就是想讓她考第一，讓她有一份戰勝自卑的力量……。」

劉杰的話重重地落在了她心裡。她難過得幾乎要哭出聲了，可是她心裡卻是感動的，溫暖的。

期末，她和劉杰都獲得了獎學金。他們在一家飯店飽餐了一頓。餐間有位賣花小姐經過，看看她再看看劉杰，似乎在一剎那被他們之間的關係搞昏了頭。但為了生意她還是試了一試：「先生，幫小姐買一束花吧。」

這個「小姐」說得遲遲疑疑，但她快樂的心情已不再計

較它。劉杰付給她五塊錢，挑了一枝含苞待放的玫瑰微笑著遞給了她。伸手接花時，她的手因激動而微微顫抖。這是一枝與愛情無關的玫瑰，卻是她生命裡最初也是最珍貴的一首友情絕唱。

24、不是親人勝似親人

　　可是，她錯了。當聽到他去世的消息後，她還是禁不住淚如雨下。本來不想讓自己的情緒感染家人，可是她還是沒有辦法控制自己，最後當著女兒和丈夫的面哭了起來，把他們都嚇壞了。

　　認識他的時候，她跟丈夫的婚姻正瀕臨崩潰，她很苦悶，於是便整天把自己放逐在網路上，放逐在線上遊戲裡。

　　二〇〇五年九月的一天，在線上遊戲網站的一個遊戲室裡，他們一起玩牌，後來就成了好友。不久後，他知道了她的故事，她也知道了他是一個絕症患者，他患了腎衰竭。

　　在日後的交往中，他們互相開導，生活日漸明亮起來，她的心情也開朗起來。原來，世界上沒有什麼是過不去的，一切，都只是一個心態問題。

　　自從知道他患了絕症之後，她很為他惋惜，也很替他不值。隨著瞭解的加深，她心裡更是有了一點點隱隱的痛，也產生了想見他一面的念頭。

　　二〇〇五年十月，她見到了他。

　　見了面，他們就像好朋友一樣，無話不談，甚至，她還

可以發一下小姐脾氣，作弄作弄他。他比她小，可是很縱容她。可能是他覺得自己命不長了，他比她想像中的開朗得多。

她買了一個聽說可以避邪的玉器和一個水晶掛墜送給他，雖然不值錢，可是那是她的一點心意，她希望他能度過這一關。他一開始不肯收，後來禁不住她的遊說，就收下了。

直到前兩天，朋友告訴她，說他走的時候，手裡還握著那兩個掛墜和一串手珠，聽到這她的眼淚就禁不住掉了下來。她知道他是心願未了，他不捨得離開，因為他還沒有見到她的女兒。

在與他交往的時候，她總是把女兒掛在嘴邊，於是，他對她的女兒慢慢就熟悉了。偶爾的電話裡，她女兒還跟他說過幾句話，他總是笑她說她女兒比她還會說話。

有一段時間，他說他感覺他很快就要走了，他說要送她一罐他親自折的幸運星，希望那些幸運星能保佑她和她的女兒，可是她一直都沒有把她的地址給他，她還說，希望他到時候能親自把幸運星交給她們。她擔心他把幸運星寄給她們後就這樣去了，不如就讓他牽掛著，這樣他就會有信念活下去。

後來他說想見見她的女兒，她還是不肯。誰知道他就這樣走了，走的時候也不給她一個音信。

其實，自從回來後，她跟他的聯絡就比較少了。說實在

的，她很自私，她怕傷感，她怕生離死別，怕知道他突然不在了的消息。與其這樣，不如淡淡的好，這樣，即使他走了，她可能就不會那麼難受。

可是，她錯了。當聽到他去世的消息後，她還是禁不住淚如雨下。本來不想讓自己的情緒感染家人，可是她還是沒有辦法控制自己，最後當著女兒和丈夫的面哭了起來，把他們都嚇壞了。

他走了，她就像失去了自己的親人一樣。記得今年清明的時候從電話裡得知她外公去世的消息，她也是這樣痛哭。記得以前有一段時間，他的電話關機，網路上也沒有他的蹤跡時，她以為他不在了，也痛哭了一回。現在，他真的走了，再也聽不到他的聲音了。

聽朋友說，他走的時候很安詳，他好像知道自己會走似的。他走之前，把自己有價值的器官都捐贈給醫院了，然後要求把自己的骨灰灑在河裡。朋友在整理他的遺物時，發現他一張照片都沒有留下。

他走的時候，剛好是他生日那天，而作為他一個非常好的朋友，她卻把他的生日給忘了，她不能原諒自己的疏忽，她不能原諒自己的大意，為什麼在他走的時候，都不送一個祝福給他。但不管她是怎樣為自己的不應該而懊悔，都沒有用了，雖然她知道他不會怪她。

是的，他不會怪她，他只會默默地牽掛她，關心她。他怕影響她的生活，他希望她幸福，他不希望她不開心。在他們認識的二年多時間裡，他們一直都互相鼓勵，他們是網

友，他們也是親人……。

25、祕密

有一種承諾可以抵達永遠，而用愛心塑造的承諾，穿越塵世間最昂貴的時光，十二個祕密其實只有一個謎底：愛可以永恆。

一個礦工下井挖礦時，一鎬刨在未爆彈上。未爆彈爆炸了，礦工當場被炸死。因為礦工是臨時工，所以礦場只發放了一筆撫卹金，就不管礦工妻子和兒子以後的生活了。

悲痛的妻子在喪夫之痛中又面臨著來自生活上的壓力，她無一技之長，只好收拾行裝，準備回到小山村去。這時礦工的隊長找到了她，告訴她說礦工們都不愛吃礦場餐廳做的早餐，建議她在礦場擺個攤，賣些早點，一定可以維持生計。礦工妻子想了一想，便點頭答應了。

於是一輛攤車往礦場一停，餛飩攤就開張了。五十塊一碗的餛飩熱氣騰騰，開張第一天就一下來了十二個人。隨著時間的推移，吃餛飩的人越來越多，最多時可達二、三十人，而最少時也從未少過十二個人，而且風霜雨雪從不間斷。

時間一久，許多礦工的妻子發現自己的丈夫養成了一個習慣：每天上工之前必須吃上一碗餛飩。妻子們百般猜疑，

甚至採用跟蹤、質問等種種方法來探查究竟，結果都一無所獲。甚至有的妻子故意做好早餐給丈夫吃，卻又發現丈夫仍然去餛飩攤吃一碗餛飩。妻子們百思不得其解。

直到有一天，隊長挖礦時被未爆彈炸傷。在醫院的病床上，他對妻子說：「我受傷的這些日子，你一定要接替我每天去吃一碗餛飩。這是我們隊十二個兄弟的約定，自己的兄弟死了，他的老婆孩子我們不幫誰幫？」

從此之後，每天早晨，在眾多吃餛飩的人群中，又多了一位女人的身影。來去匆匆的人流不斷，而時光變幻之間唯一不變的是不多不少的十二個人。

有一種承諾可以抵達永遠，而用愛心塑造的承諾，穿越塵世間最昂貴的時光，十二個祕密其實只有一個謎底：愛可以永恆。

26、讀懂你的眼淚

醫生緊張地問是不是針頭弄疼了他，他搖了搖頭，但是眼淚還是沒有止住。醫生開始有一點慌了，因為她總覺得有什麼地方弄錯了，但是到底在哪裡呢？針頭是不可能弄傷這個孩子的呀！

這是一個發生在越南的故事。

在飛機的狂轟濫炸下，一顆炸彈被扔進了孤兒院，幾個孩子和一位工作人員被當場炸死，還有幾個孩子受了傷。其中有一個小女孩流了許多血，傷得很重。

救護人員很快就來了。小女孩流了很多血，需要輸血，但救護人員帶來不多的醫療用品中沒有可供使用的血漿。於是，醫生決定就地取材，她幫在場的所有人驗了血，終於發現有幾個孩子的血型和這個小女孩是一樣的。

但是，問題又出現了。因為那個醫生和護士都只會說一點點的越南語和英語，而在場孤兒院的工作人員和孩子們只聽得懂越南語。

醫生盡量用自己會的越南語加上一大堆手勢告訴那幾個孩子：「你們的朋友傷得很重，她需要血，需要你們幫她輸血！」終於，孩子們點了點頭，好像聽懂了，但眼裡卻藏著

一絲恐懼！

沒有人吭聲，沒有人舉手表示自己願意捐血！女醫生沒有料到會是這樣的結果，一下子愣住了，為什麼他們不肯捐血來救自己的朋友呢？難道剛才對他們說的話他們沒有聽懂嗎？

忽然，一隻小手慢慢地舉了起來，但是剛剛舉到一半卻又放下了，好一會兒又舉了起來，再也沒有放下了！

醫生很高興，馬上把那個小男孩帶到臨時的手術室，並讓他躺在床上。

小男孩僵直著躺在床上，看著針頭慢慢地插入自己細小的手臂，看著自己的血液一點點地被抽走，眼淚不知不覺就順著臉頰流了下來。

醫生緊張地問是不是針頭弄疼了他，他搖了搖頭，但是眼淚還是沒有止住。醫生開始有一點慌了，因為她總覺得有什麼地方弄錯了，但是到底在哪裡呢？針頭是不可能弄傷這個孩子的呀！

關鍵時候，一個越南的護士趕到了這個孤兒院。醫生把情況告訴了越南護士，越南護士忙低下身子，和床上的孩子交談了一下，不久後，孩子竟然破涕為笑。

原來，那些孩子都誤解了女醫生的話，以為她要抽光一個人的血去救那個小女孩。一想到不久之後就要死了，所以小男孩才哭了出來！醫生終於明白為什麼剛才沒有人自願出來捐血了！

「既然以為捐過血之後就要死了，為什麼他還自願出來捐血呢？」醫生問越南護士。

於是越南護士用越南語問了一下小男孩，小男孩回答得很快，不假思索就回答了。答案很簡單，只有幾個字，但卻感動了在場所有的人。

　　他說：「因為她是我最好的朋友！」

27、在英雄的連隊服役

　　首長用微微顫抖的手打開那染著班長鮮血的情報，默默地看了良久，大滴的淚珠落在那紙被鮮血染紅的情報上。

　　那是抗日戰爭最艱苦的時期，在一次執行任務時，老馬所在的特務班被敵軍的一個連包圍在一片密林裡。他們仗著有利的地勢，跟敵人展開了激戰。但是，敵我的兵力實在太懸殊了，後來，只剩下老馬和班長兩人了。

　　班長的左肩上中了一槍，老馬替班長簡單地包紮了一下。班長說：「老馬，我們不可能兩個人都生還，我掩護，你撤退。」

　　「不！不管怎麼樣，我們都要在一起。」老馬是副班長，平時跟班長情同手足，絕不可能扔下負傷的班長自己撤走。

　　「我是班長，你得聽命令！」

　　「不！」老馬含著眼淚堅定地搖頭。

　　班長沉默了片刻，猛地從上衣口袋裡掏出一疊被鮮血染紅的紙，對老馬說：「老馬，這是一封對我軍很重要的情報，我身上有傷，撤不出去了，你要親手交給首長。」

　　「班長，不！」

「老馬，不能再猶豫了！」班長的聲音和握著那紙情報的手都在顫抖著。

老馬別無選擇地接過情報，小心地藏在貼身的衣服裡。

老馬成功地撤出了敵軍的包圍，這得益於班長的掩護和有利的地勢。不幸的是，老馬的腿上中了一槍，只能一點一點地向前爬行了。

那密林裡的槍聲停了，班長的情況可想而知。

老馬當時很累，真想停下來休息。可是想到自己身上帶著重要的情報，想到班長及全班的戰士，他的心裡像燃燒著一團火，爬行的速度快了起來。

終於看到我軍的哨兵了，不知是太疲倦了還是失血過多，老馬失去了知覺。

等醒來時老馬已經躺在臨時病房裡了。

「我有一份重要的情報，要交給首長。」他吃力地對旁邊的人說。

望著來到老馬身邊的首長，老馬掏出那份情報說：「這是班長給您的重要情報，我們全班都……」，老馬說不下去了。

首長用微微顫抖的手打開那染著班長鮮血的情報，默默地看了良久，大滴的淚珠落在那紙被鮮血染紅的情報上。

「首長，這情報真的很重要嗎？」老馬低聲問。

「很重要，很重要！」首長深深地點頭。

　　後來，老馬才知道，那其實不是什麼情報，只是幾張白紙。

　　首長說：「這比任何情報都重要，它展現了班長以及全班無私的、忘我的戰友情誼……。」

28、塵封的友誼

　　年近九旬的奎諾像孩子一樣地哭了起來，那眼淚，是因為悲哀而痛苦，不是為自己年輕時的愚魯，而是為托尼年輕的生命；是因富有而喜悅，不是因為那鏽跡斑斑的鐵十字，而是為了那段塵封了大半個世紀的友誼。

　　一九四五年，冬，波昂市的街頭，兩個月前這裡還到處懸掛著納粹黨旗，人們見面都習慣地舉起右手高呼著元首的名字。而現在，槍聲已不遠了，整個城市沉浸在一片深深的恐懼之中。

　　奎諾，作為一名小小的士官，根本沒有對戰爭的知情權。他很不滿部隊安排他參加突襲波昂，然而，更糟糕的是，這次行動的指揮官是巴黎調來的法國軍官希爾頓，他對美國人的敵視與對士兵的暴戾幾乎人盡皆知。接下來兩個星期的集訓，簡直是一聲噩夢，唯一值得慶幸的是，奎諾在這裡認識了托尼———一個健碩的黑人士兵，由於惺惺相惜，這對難兄難弟很快成了要好的朋友。

　　希特勒的焦土政策使波昂儼然成為一座無險可守的空城，占領波昂，也將比較容易。而突襲隊的任務除了打開波昂的大門外，還必須攻下一個位於市郊的陸軍軍官學校。而

希爾頓的要求更加殘忍，他要求每個突襲隊員都必須繳獲一個鐵十字勛章——每個德國軍官胸前佩帶的標誌，否則將被處以鞭刑，也就是說，突襲隊員們要為了那該死的鐵十字而浴血奮戰。

突襲開始了，法西斯的機槍在不遠處叫囂著——不過是苟延殘喘罷了，在盟軍戰機的掩護下，突襲隊順利地攻入了波昂。然而他們沒有喘息的機會，全是因為那枚鐵十字。在陸軍學院，戰鬥方式已經轉變成了巷戰，兩小時的激烈交火，德軍的軍官們漸漸體力不支，無法繼續抵擋突襲隊的猛烈進攻，他們舉起了代表投降的白旗。突襲隊攻占了學院之後迅速地搜出每個軍官身上的鐵十字。手裡拿著鐵十字的奎諾來到學院的花園，抓了一把泥土裝進了一個鐵盒，那是他的一種特殊嗜好，蒐集土壤。他的行囊中有挪威的、捷克的、巴黎的，還有帶血的諾曼第沙子。他正沉浸在悠悠的回憶中，托尼的呼喚使他回到了現實，托尼神祕地笑了笑：「夥計，我找到了一個好地方。」

他們的休息時間少得可憐，奎諾跟著托尼來到了二樓的一間辦公室。從豪華的裝潢來看，這個辦公室的主人至少是一位少校。滿身泥土和硝黃味道的奎諾驚奇地發現了淋浴設備，他邊嘲笑著托尼，邊放下槍支和存放著鐵十字的行囊，走進浴室舒舒服服地洗了個澡。當他出來時，托尼告訴他說希爾頓要來了，他要瞭解傷亡人數，當然，還要檢查每個士兵手中的鐵十字。他馬上穿好衣服背上槍支、行囊，與托尼下樓去了。

大廳裡，每個人都在談論手裡的鐵十字，奎諾也自然伸手去掏鐵十字，然而囊中除了土壤外竟無別物。奎諾陷入了希爾頓製造的恐怖之中，他沒想到會有人為了免受皮肉之苦而背叛戰友。奎諾第一個就懷疑托尼，並向其他同袍說了此事，當下大家斷定是托尼所為。

　　所有士兵此時看托尼的眼光已不是同袍的親暱，而只是對盜竊者的鄙夷與敵視。他們高叫著、推擠著托尼，而此時托尼的眼中並不是憤怒，而是恐懼、慌張，甚至是祈求，他顫顫地走到奎諾的面前，滿眼含著淚花地問道：「夥計，你也認為是我偷的嗎？」此時奎諾的狐疑代替了理智，嚴肅地點了一下頭，托尼掏出口袋裡的鐵十字遞給了奎諾。

　　當那隻黑色的手觸到白色的手時，托尼眼中的淚水終於決提，他高聲地朝天花板叫道：「上帝啊，祢的慈悲為什麼照不到我？」

　　「因為你他媽是個黑人！」從那彆腳的發音中，人人都聽得出來是希爾頓來了。他挺著大肚子，渾身酒氣，隨之，一個沉沉的巴掌甩在托尼的臉上。而後檢查鐵十字，不難想到，只有托尼沒有他要的那東西。

　　再之後，盟軍營地的操場上，托尼整整挨了三十鞭。

　　兩個星期過去了，托尼渾身如鱗的鞭傷也痊癒了，但在這兩個星期裡，無人聞問他的傷情，沒有人關心他，奎諾也不例外。

　　又是一個星期六，奎諾負責看守軍火庫，他在黃昏的燈

光下昏昏欲睡，忽然一聲巨響，接著他被砸暈了。

　　等他醒來，發現自己躺在病榻上。同袍告訴他，那天是托尼的巡查哨，納粹殘餘分子企圖炸毀聯軍的軍火庫，托尼知道庫中的人是奎諾，他用身體抱住了炸藥，減小了爆炸力，使軍火毫髮無傷，托尼自己卻被炸得四分五裂。然而，他是可以逃開的。

　　五十年過去了，奎諾生活在幸福的晚年之中，對於托尼的死，他覺得那是對愧疚的一種彌補。直到有一天，他平靜的生活破碎了，因為他的曾孫，在一個蓋子上寫有波昂的鐵盒中，發現了一枚寫著「納粹」的鐵十字。

　　年近九旬的奎諾像孩子一樣地哭了起來，那眼淚，是因為悲哀而痛苦，不是為自己年輕時的愚魯，而是為托尼年輕的生命；是因富有而喜悅，不是因為那鏽跡斑斑的鐵十字，而是為了那段塵封了大半個世紀的友誼。

29、生命的禮讓

　　他們素不相識，卻有著出奇相似的相貌；他們因為同樣的疾病走進同一間病房；他們都已經找到了可配對的骨髓，卻因為籌不到錢而無法手術；他們為了保留其中一人的生命，唱響了一曲生命禮讓的讚歌。

　　他們素不相識，卻有著出奇相似的相貌；他們因為同樣的疾病走進同一間病房；他們都已經找到了可配型的骨髓，卻因為籌不到錢而無法手術；他們為了保留其中一人的生命，唱響了一曲生命禮讓的讚歌。

　　「我們雖同樣有著新婚妻子，同樣有著年邁的父母，我們雖同樣配對成功找到了可供移植的捐贈者；我們雖同樣為昂貴的移植費用絞盡腦汁……但你還有一個剛剛出生幾個月、活潑可愛的孩子，還有一大筆債務等著你去償還……我決定在我生命走到最後的時候幫幫你，將我剩下的三十萬元無償捐贈給你。」

　　這是歐陽志成轉贈生命的悲壯絕筆。他將這絕筆和三十萬元留給病友彭敦輝，然後消失了。

　　中學國文老師歐陽志成被確診為白血病時，他只有二十七歲，他的另一半只有二十一歲，他們剛結婚九個月。

　　嬌弱的妻子彭麗分秒必爭地向親朋好友、學校籌款，但也只籌得不到十萬元。為了盡快籌到一百萬元執行移植手術，他們抱著求助牌，手捧玫瑰花，面對學校裡熙熙攘攘的人群跪倒在地。整座城市都被感動了，在師生的共同努力下，他們很快就籌措了近一百萬元，但一年多的化療和尋找配對已經用去了六十萬元。配對找到了，他們卻因為沒錢而無法手術。

　　同一個病房的病友彭敦輝，也患有白血病，也找到了配對卻因為籌不到錢而無法手術。這兩個酷似雙胞胎、同病相憐的病友，從此相互照料，相互鼓舞，一起對抗病魔。望著一籌莫展的歐陽，彭敦輝曾安慰他說，「說不定我工廠裡的新商品很快就能賺大錢，到時候，我借錢給你。」

　　彭敦輝的生意失敗了，唯一的希望也破滅了。看著之前從未向病魔低過頭的病友頹廢地倒在病床上，望著他活潑可愛的小孩子，歐陽的心裡一陣抽搐。那一刻，他做出了一個考慮許久的驚人決定：將善款轉贈給堅強而善良的好兄弟彭敦輝！自己少活一段日子，卻可能換來他的一生。

　　做了這個決定之後，歐陽寫了兩封信：一封給醫院負責人——遺體捐贈給醫院做醫學解剖用，一封寫給病友彭敦輝——然後他回到了老家。

　　接下來的日子，彭敦輝和妻子開始竭盡所能尋找他的那位好病友、好兄弟。他們試圖透過查號台查詢歐陽的住宅電話，但一無所獲；他們查到歐陽所在學校的電話，可是因為暑假總是沒人接聽……。

二位護士感動地出主意：「打電視台的熱線電話，呼籲大家尋找他！」

「轉贈生命」的動人故事在電視台播出後，立即掀起一股動人浪潮：一些市民自費印刷尋人啟事；雖然還沒有找到歐陽，但越來越多的人已經透過特別帳戶為歐陽捐款。

終於，二○○五年八月，在熱心市民的陪同下，歐陽終於回到了醫院。生死之交的兄弟倆百感交集，相擁而泣……。

現在，在社會的幫助下，兩位患難兄弟已經遠離病魔，踏上了絢麗人生的旅程。

第四章
真情

　　「真情」是什麼？是坦誠是純摯，是謙和是包容，是付出是給予，是默契是理解，是支持是鼓勵，是心與心的接觸，是靈與靈的交流。人間有了真情才有了山水的嫵媚，有了真情才有了驚天動人的喜怒哀樂。尋找真情、渴望真情，其實真情就在我們身邊。

30、門口的棉衣和玫瑰

老人興奮地微微搖晃著身子，「聖誕快樂！平時總是受你們的幫助，今天我終於可以送你們禮物了⋯⋯」。

在小鎮最陰濕寒冷的街角，住著約翰和妻子珍妮。約翰在鐵路局做一份扳道工兼維修的工作，又苦又累；珍妮在做家事之餘就去附近的花市做點雜活，以補貼家用。生活是清貧的，但他們是相愛的一對。

冬天的一個傍晚，小倆口正在吃晚飯，突然響起了敲門聲。珍妮打開門，門外站著一個凍僵了似的老頭，手裡提著一個菜籃。

「夫人，我今天剛搬到這裡，就住在對面。您需要一些菜嗎？」老人的目光落到珍妮綴著補丁的圍裙上，神情有些黯然了。「要啊，」珍妮微笑著遞過幾個便士，「紅蘿蔔很新鮮呢。」老人渾濁的聲音裡又有了幾分激動：「謝謝您了。」

關上門，珍妮輕輕地對丈夫說：「當年我爸爸也是這樣賺錢養家的。」

第二天，小鎮下了很大的雪。傍晚的時候，珍妮提著一罐熱湯，踏過厚厚的積雪，敲開了對街的房門。

　　兩家很快結成了好鄰居。每天傍晚，當約翰家的木門響起賣菜老人篤篤的敲門聲時，珍妮就會捧著一碗熱湯從廚房裡迎出來。

　　聖誕節快來時，珍妮與約翰商量著從收入中省出一部分來幫老人買件棉衣：「他穿得太單薄了，這麼大的年紀每天出去挨凍，怎麼受得了。」約翰點頭默許了。

　　珍妮終於在平安夜的前一天把棉衣趕成了。鋪著厚厚的棉絮，針腳密密的。平安夜那天，珍妮還特意從花店帶回一枝玫瑰，插在放棉衣的紙袋裡，趁著老人出門賣菜，放到了他家門口。

　　二小時後，約翰家的木門響起了熟悉的篤篤聲，珍妮一邊說著聖誕快樂一邊快樂地打開門，然而，這回老人卻沒有提著菜籃子。

　　「嗨，珍妮，」老人興奮地微微搖晃著身子，「聖誕快樂！平時總是受你們的幫助，今天我終於可以送你們禮物了。」說著老人從身後拿出一個大紙袋，「不知哪個好心人送在我家門口的，是很不錯的棉衣呢。我這把老骨頭凍慣了，送給約翰穿吧，他上夜班用得著。還有，」老人略帶羞澀地把一枝玫瑰遞到珍妮面前，「這個給妳。也是插在這紙袋裡的，我淋了些水，它美得像妳一樣。」

　　嬌豔的玫瑰上，一閃一閃的，是晶瑩的水滴。

31、他就是我男朋友

以後的日子裡，小偷沒事就去老宅陪少女。他後來才知道她患的是尿毒症，雖然是早期，但那卻是個令人心驚膽寒的絕症啊！他能做得只是抽時間陪她，跟她說說外面的世界，小偷的出現讓少女黑白的世界變得豐富起來，她每天都盼望他的出現。

小偷被人追趕，他跑進一個小巷，跳進一座老宅。老宅很大，很靜，也很荒涼。正當他想該藏在什麼地方時，一個柔弱的聲音在他身後響起。

「你是誰？你找誰？」小偷嚇了一跳。轉身一看，只見一個少女正睜著一雙大眼睛盯著他問。

「砰……」，院外傳來急促的敲門聲，小偷的臉都嚇白了。

少女一把抓住小偷的手，拉著他來到門口，打開了門，一群人闖了進來。

「妳看見一個小偷進來了嗎？」

「沒有呀。」

「真的沒有？」

「我和我男朋友在院子裡，沒見到什麼小偷呀。」少女一臉天真的樣子。

為首的男子仔細打量了少女，看她不像是在說謊。但他的目光卻緊緊地盯著小偷。

「他是妳男朋友？」

「騙你幹嘛？」少女說著，把身子靠在小偷身上。

那些人看沒什麼異樣，就都走了。

「妳，妳為什麼幫我？」小偷曉得少女一定知道他就是他們要找的小偷。

「你一定有你自己的苦衷，誰都不是天生就想當小偷的。」

居然有人會為小偷辯護，小偷不禁又仔細地打量了一下少女，她不像一個腦子有問題的人。

「你坐一會吧，他們大概還沒走遠。」少女居然邀請他坐一會。

「就妳一個人在這？」

「是的，我家不在這兒，房子是我外公留下來的。」少女傷感地說，「我身體又不好，很少外出的，你能常來陪我嗎？」

「好吧。」小偷猶豫一下答應了。

以後的日子裡，小偷沒事就去老宅陪少女。他後來才知

道她患的是尿毒症，雖然是早期，但那卻是個令人心驚膽寒的絕症啊！他能做得只是抽時間陪她，跟她說說外面的世界，小偷的出現讓少女黑白的世界變得豐富起來，她每天都盼望他的出現。

這年情人節，小偷帶著一朵玫瑰出現在少女面前，向她示愛。她雖然知道那天之後他再也沒有偷過東西，但她卻是身患絕症的人，怎麼能接受他的愛呢。

可是小偷沒有放棄，每個情人節，小偷都會帶來一朵玫瑰向她求愛。日子一天天地過去，小偷一天天地消瘦。

一天，小偷驚喜地告訴少女，她有救了，他為她找到了腎臟。

這年情人節前夕，少女換腎手術的準備工作已就緒。這時少女才知道，她要換的是小偷的腎。他瘦得那麼快是因為他每天不僅要賣血，而且還要做很多重活，為的是早日湊足她的手術費用。

換腎手術非常成功，少女身體接受了小偷的腎，可是小偷卻因身體太虛弱而沒能下手術台……。

之後的每個情人節，小偷墓前都會有一朵玫瑰，並附著字條：永遠愛你的妻！

32、偉大母愛真情城市

「每天來媽媽病房的人絡繹不絕,這城市這些天氣溫高達四十度,是什麼力量支持著這麼多善良的人頂著烈日為我奔走、為我忙碌?是愛,是一顆顆滾燙又不肯漠視生命的心!」

二〇〇五年六月,一個原本平靜的城市,因為一個身患絕症的女老師、一個三歲男孩母親的命運而變得沸騰起來。短短一個星期的時間裡,這個陌生城市裡的無數市民不約而同地演繹了一場浩浩蕩蕩的拯救行動,短短七天捐款六百萬元……。

二〇〇五年三月三日,二十九歲的國文老師羅南英突然罹患白血病病倒了。由於病情嚴重,醫生建議羅南英到大城市治療。於是羅南英帶著家裡的全部積蓄,再加上借來的、學生捐的共二十萬多元踏上了看病的路。

二〇〇五年四月十九日,羅南英住進了醫院。診斷後,主治醫生說,只能透過骨髓移植手術來治療。十多天後,另一座城市的醫院傳來好消息:羅南英和姐姐的骨髓比對成功,但羅南英馬上又有了新煩惱了,因為骨髓移植手術前後總共要六百萬元左右,到哪裡去弄這一大筆錢啊!即使把自

己的房子賣掉，也根本湊不出這麼多錢啊。

經過幾個輾轉反側的不眠長夜，羅南英不顧丈夫的勸說，無奈卻毅然地決定放棄治療。

羅南英知道自己不久就將離開這個人世了，這時，她想得最多的是可愛的兒子。鵬鵬只有三歲啊，學會叫媽媽只有二年多一點。鵬鵬啊，我的孩子，媽媽能為幼小的你做些什麼？她決定在自己生命的最後時刻為兒子寫信。

六月十六日，躺在病床上的羅南英隨手翻開了一張報紙，她被一則「給孩子的一封信」的徵文啟事吸引了。她找出為兒子寫的那些信，要求丈夫幫她送到報社，如果可能，請編輯們在最近二、三天內登出來，等一拿到報紙他們就啟程回家，當作給自己留一個紀念。

六月二十六日，報紙第九版以《讓愛超越時空成為永恆》為題，以一個整版的篇幅刊登了羅南英為兒子鵬鵬寫的，飽含著無限母愛的四封信。

這一期的報紙在當天下午出現在報攤之後，報社的電話就開始響個不停，不少人是邊打電話邊哭著說話的。所有人都為羅南英那種深深的母愛而感動，為了鵬鵬，一定要挽救她的生命，不能讓三歲的小鵬鵬失去媽媽。

一時之間，愛心「傳染」了，更多的愛心直接送到了羅南英的病床邊。短短七天，二千多人捐款，有許多錢是硬幣，這些錢來自孩子們的存錢筒和口袋裡的零用錢。到七月二日，羅南英夫婦在病房裡收到的現金達一百五十萬元，報

社編輯部代收到的捐款超出四百五十萬元。翻開厚厚的捐款紀錄本，二千多人中署名大都是某先生某女士，絕大部分都是化名。

七月一日，另一份報刊在轉載了羅南英給兒子的四封信和她的感人故事後，引起當地讀者的強烈回響，紛紛捐款。

面對這群市民們的熱情和愛心，羅南英和丈夫每天都感動得淚流滿面，一談起大家的善良和慈愛，便止不住淚眼婆娑。她無法控制自己激動的心情，提筆為好心的市民們寫了一封信。

善良的市民：

請接受我——一名普通老師、一名平凡母親最誠摯的謝意！我和我的家人將永遠銘記在這座充滿愛心的城市裡的所有經歷。

自從報社刊出我寫給孩子的四封信後，我那小小的病房幾乎成了愛的海洋。我的初衷只是想給孩子留下一些愛的紀念，卻引來了你們如潮的愛心！一張張陌生卻又真摯的笑臉消融了我絕望中的悲哀，一雙雙溫暖和真誠的手揚起了我希望的風帆！

幾天來，我和我的另一半常常因為深深的感動而淚水紛飛如雨！哪一個父母不憐惜自己的兒女？而我卻因為這樣樸素的理由獲得了你們的資助和撫慰，我怎能不深深地感恩！

七月七日，羅南英又給兒子寫了一封信：

「在過去的一個星期，媽媽被一座城市感動了，這座城市

二千多位與我們素不相識的市民，用博大的愛心替你留住了媽媽。你一定要記住這個充滿愛心的城市。」

「每天來媽媽病房的人絡繹不絕，這城市這些天氣溫高達四十度，是什麼力量支持著這麼多善良的人頂著烈日為我奔走、為我忙碌？是愛，是一顆顆滾燙又不肯漠視生命的心！」

33、天使在人間

他自己常常吃不飽穿不暖，卻一直風雨兼程，乞討不止。因為在他心中有這樣一個堅定的信念：一定要讓孩子們讀書，乞丐的孩子絕不能再做乞丐。

汪會旺今年四十一歲。他生下來就患有先天性眼疾，視力只能達到二公尺遠。二歲時，母親病逝，八歲時，父親病逝，從此，無依無靠的汪會旺就開始了乞討生活。而他十歲那年，又不幸染上了骨髓炎，右腿肌肉萎縮，成了身障人士。

汪會旺一次在行乞休息時，發現屋裡有人行竊，他立即大叫起來，他趕走了竊賊，並拿著竊賊驚慌而逃時掉下的一袋錢，坐在緊鎖的家門口等著主人回來。主人被汪會旺誠實高尚的品德所感動，就讓出一間老房子給他住。

隨著這個故事不斷流傳，汪會旺在行乞的時候，鄉親們都越來越樂意給他熱騰騰的飯、舊衣物、舊雨傘……。

一九八九年農曆八月十六日，汪會旺在街頭發現人們圍著一個竹籃指指點點，走上前一看，裡面有個瘦弱的女嬰。圍觀的人們都在議論著，卻沒有人來領走這個女嬰。

到了第二個晚上，還是沒有人來認領這個孩子。可憐的

女嬰被餓得奄奄一息。汪會旺用乞討來的錢買了一包奶粉，把這個可憐的女嬰抱回了家。

第三天，他抱著女嬰到廟會上問了很多趕廟會的人，既沒有人知道這個女嬰的來歷，也沒有人願意收養她。汪會旺只好自己撫養這個孩子。因為添了一張小嘴，汪會旺更是不辭辛勞地四處乞討。

汪豔五歲時，汪會旺把她送進幼稚園裡，汪豔七歲時，汪會旺又送她到小學上學。這些都是他辛苦行乞累積下來的一點少得可憐的錢。

不久，汪豔的親生父母找上門來了。汪豔當然捨不得愛她養她的乞丐父親。可是，為了孩子能有個好環境，有個正常的家庭，汪會旺還是勸汪豔跟她父母回家了。

汪豔走了之後，汪會旺在一九九五年七月又將一個棄嬰抱回了家，他給這名女嬰取名為汪曉燕。於是，汪會旺又開始了更為艱難的生活。

一九九八年七月，汪會旺又領回了一個棄嬰，也是像前二個一樣，送到別人家照顧，由他出生活費和撫養費。不過這個孩子五個月大的時候生了場重病，汪會旺沒有錢為她醫治，正好有人願意收養她，汪會旺就把她交給好心人撫養了。

二〇〇三年八月，汪會旺在行乞時又撿到了一個被人棄在街頭兩天兩夜的女嬰，於是，汪曉燕就多了一個叫汪菜錦的妹妹。

一九九五年春天，汪會旺乞討時看到一個女人坐在屋簷下哭泣，女人向他哭訴著自己的困境。

她叫何蓮仙，丈夫患有精神病，長年在外瘋走。她自己的身體也不好，疾病纏身，做不了重的體力活，兩個孩子又在讀書，生活十分艱難，現在連買醬油的錢都沒有了，兩個孩子的學費也都沒有著落。

聽到何蓮仙的遭遇，熱心的汪會旺馬上把自己剛乞討來的三千元全部給了何蓮仙，並要她別著急，過幾天，他再送錢來給孩子交學費。三天後，汪會旺果然送了五萬塊錢來，那全是一塊、五塊、十元湊成的五萬元，是汪會旺存了多年，準備修一修自己那殘破老房子的錢。此後，汪會旺每年都會去何蓮仙家二次，為二個孩子送去學費。

很快地，鄉里的好心人知道汪會旺的善舉後，也都紛紛向他伸出了援助之手。孩子們在汪會旺的照顧下，也一天天地長大了。

二〇〇〇年，何蓮仙的丈夫去世了，自己又舊病復發，無法工作，一家人頓時又陷入了斷糧的窘境。汪會旺知道後，在徵得何蓮仙的兒子吳溯恆、女兒吳小芝的同意下，他把何蓮仙和她的一雙兒女都接到自己家。汪會旺就這樣和重病纏身的何蓮仙結了婚，組成了一個大家庭。

有了家庭溫暖，有了汪會旺的精心照顧，何蓮仙的病漸漸有了起色，不久，她就能工作了。她是個勤快的女人，汪會旺外出乞討，她就在家中操持家務，把這個曾經破爛不堪的家整理得乾乾淨淨。

何蓮仙的兩個孩子一個讀高中，一個讀國中，這個家庭三個孩子的讀書費用和一個嬰兒的奶粉開支，全靠汪會旺乞討來維持。

　　但汪會旺從不後悔。他自己常常吃不飽穿不暖，卻一直風雨兼程，乞討不止。因為在他心中有這樣一個堅定的信念：一定要讓孩子們讀書，乞丐的孩子絕不能再做乞丐。

34、聽見你在天堂的笑聲

第二天，阿敏收到園媽媽的簡訊：昨晚園園走了。阿敏和義工們上門幫忙處理後事，媽媽說，園園去的時候很安詳，臨走時跟爸爸說了最後一句話：「爸爸，我會乖，我會聽話！」幾個義工聽著，淚流滿面。

阿敏是醫療組的一名義工。二〇〇三年五月的一天，阿敏不經意讀到了這封讓她不能自己的「絕筆書」。

爸爸媽媽：你們好嗎？

很感謝你們把我帶到這個世界來，謝謝你們的養育之恩，謝謝你們這麼多年來的照顧。我生病了，我知道這是沒有救的，我真的很辛苦，我再也撐不下去了，我也知道你們為了醫治我的病很累，到處借錢，家裡窮，沒有錢了。請放棄我吧！我真的很辛苦，我想放棄了。我最後的願望是想吃最後一餐麥當勞。

很謝謝你們。希望下輩子能繼續投胎再做你們的孩子。

女兒：園園

這是一個八歲白血病女孩寫給父母的信，讀到信的阿敏和幾名義工流淚了。在一種強烈的情感和責任衝動下，阿敏

和她的朋友找到了這位悲傷的小朋友。

園園剛滿八歲，得白血病已二年，一直休學入院治療。二年治療的痛苦，即使是成人都難以承受，而一個六歲的孩子，竟然已忍受如此多的煎熬撐到了今天，阿敏深深地被小女孩的堅強感動了，小女孩也清脆地叫她「姐姐」。

後來，阿敏每隔一天就會到醫院看她，和她做伴，幫忙詢問病情、看病歷和檢驗單，為園媽媽提供健康諮詢。園園很快就喜歡上了阿敏她們，每次都用她清脆的聲音叫「阿敏姐姐」。

幾次化療，阿敏都要去探望園園，小女孩頭髮都掉了，剛做完骨髓穿刺，臉色蒼白，背對著房門不願見人，她是個愛美的女孩。

每次做完骨髓穿刺、腰椎穿刺術，園園都要被抬進病房，小小的身體虛弱地躺著。她很少哭，每次化療後，園園都可憐巴巴地望著媽媽說「好痛」，但從不當面哭。流淚前，園園總會偷偷看她，避開媽媽的眼光。園園的懂事堅強，不像七、八歲的女孩。

園園的父母都是身障人士，沒有工作，靠政府補助生活，一家三口擠在十幾坪的房子裡。幫園園治病一年要七、八十萬元，二年下來，父母已債臺高築。後來沒錢了，看著孩子痛苦的樣子，媽媽撲通跪下求醫生，醫生無奈地搖頭。

八歲的孩子正是開心活潑的時候。園園讀完了一年級，每次考試總是拿一百分。她很喜歡看動畫片，病房裡沒電

視，一位熱心人士送了台小電視給她，躺在床上有電視看，她高興了好幾天。園園喜歡玩紙麻將、喜歡吃麥當勞，阿敏每次來都陪著玩到累，但吃麥當勞對她的身體很不好。一次，媽媽不知道，買給園園吃後發燒到四十二度，在家養病的園園不得不又回到醫院。

阿敏和義工們的出現，為園園平靜的生活帶來了撫慰和快樂，她開心地度過了大半年。

去年年初，阿敏觀察到園園的情況不太好，有一段時間在快樂和擔憂中度過。一個月後，園園的病情很快就控制不住，以前用的所有藥和治療都等於白費。園園一天天改變，先是口腔潰瘍，之後整個臉又腫又紅，開始潰爛，眼睛、鼻子也開始紅腫滲血。

那段時間，阿敏一如既往地和義工們輪流守護在園園身邊，卻極少再聽見叫「姐姐」的清脆聲。好幾次，園園哀求阿敏：「姐姐，你幫我求求醫生，帶我回家吧，我好辛苦！」阿敏知道，園園已經可以回家，但她的父母始終不願放棄。「我真的不能做什麼，我把她的意願告訴醫生和媽媽，他們都流淚了。」

三月的一天傍晚，阿敏到醫院時，園園的病床卻空了，護士說孩子已經回家。她急忙搭車趕過去。園園已經很虛弱，不能下床走路，要靠藥維持血壓。「看到我，她的神情有些不定，很反常地說口渴、餓，讓我幫她找優酪乳喝，她又輕輕地對我說：『姐姐，我肚子有點疼』」。阿敏猜想她可能消化道在出血了，剩下的時間真的不多了。

園園一連叫了好幾聲「姐姐」，這是阿敏最後一次聽園園叫她姐姐，真的很好聽。臨走時，阿敏抱起園園，扶她起來喝稀飯，還約好明天一起玩紙牌。

第二天，阿敏收到園媽媽的簡訊：昨晚園園走了。阿敏和義工們上門幫忙處理後事，媽媽說，園園去的時候很安詳，臨走時跟爸爸說了最後一句話：「爸爸，我會乖，我會聽話！」幾個義工聽著，淚流滿面。

後來在一次聯誼會上，阿敏和義工們把園園的故事搬上了舞台。那天正下著雨，滿廣場的學生撐傘來看節目。阿敏主持完後回到後台，心情變得沉重起來，那天她忽然很思念園園，她好像聽到了園園在天堂的笑聲。

35、讓愛如此傳遞

　　上岸的小虎，渾身濕透，髒水直流，皮膚嚴重水腫，體力虛弱的他突然意識到自己患有腸沾黏，不能感冒，於是匆忙到馬路邊攔計程車回校換洗，但由於衣服太髒無人願意搭載，只得搭前來的警車先回派出所，登記後才輾轉回校，一個「無名英雄」這樣才被大家熟知。

　　賀小虎是生物醫學工程研究所三年級學生。三個多月前，他就是穿著這套衣褲，跳進了臭氣熏天的小河中將一名輕生女子救上岸。

　　二○○五年六月五日十二點，賀小虎在趕去家教途中，發現一名欲輕生的女子翻過河邊護欄，越身跳入路邊的臭水河。小虎見狀毫不遲疑，從約四公尺高的岸上縱身跳下救人，淤泥沉積的河水中，頓時散發出惡臭。女子在河裡不停掙扎，小虎奮力將她推向岸邊，眼看到岸時，女子又滑落到深水處，小虎來來回回，嗆了好幾口水，直到半小時後，路邊行人終於拿來繩子，成功將二人拉上了岸。

　　上岸的小虎，渾身濕透，髒水直流，皮膚嚴重水腫，體力虛弱的他突然意識到自己患有腸沾黏，不能感冒，於是匆忙到馬路邊攔計程車回校換洗，但由於衣服太髒無人願意搭

載，只得搭前來的警車先回派出所，登記後才輾轉回校，一個「無名英雄」這樣才被大家熟知。

小虎的室友說，那天回來他真的很臭，我們都被熏壞了。他用了一瓶洗髮精，頭髮上還留有臭味。由於受汙水浸泡感染，小虎眼睛紅腫得厲害，醫生說要動手術，幸好經過治療，眼睛並無大礙。

事後，小虎坦誠地說：「我很會游泳，當時覺得自己有能力救她。但事後還是有點怕，主要是河底淤泥很多，一旦陷入，就有危險，但當時確實沒想太多，畢竟我可以給她一個重新選擇生命的機會。」小虎微笑的臉上，透露著樂觀與堅定。

小虎出生在一個農家，他對於生命的寶貴，有著切身的感受。

上國二那年，小虎騎著腳踏車從一個高坡上不慎摔下，脾臟破裂，送到醫院時已經奄奄一息，在親友們的資助下，手術切除脾臟，才得以挽回性命。二年後，手術引發後遺症，他不得不做第二次手術，將近二十公分萎縮的腸子切除。

直到現在，只有「四臟六腑」的小虎，消化吸收功能很差，身體也一直非常虛弱，有時疾病發作，他只能像蝸牛一樣蜷縮成團，來減輕疼痛。

小虎說，他沒有正常人那樣健康，但家人和親友當時沒有放棄他，他們想盡一切辦法湊足了醫藥費，把他從鬼門關

拉了回來，他從心底感激他們。

　　小虎家靠種田賣勞力維持家用，經濟拮据，學費讓全家人頭疼。但每到開學，他的同學、朋友們都會默默為他準備好學費、生活費，並告訴他不要讓經濟壓力壓垮，好好讀書，堅持自己的醫學夢。

　　在學校，他的大部分衣服都是同學捐助的，每一件對他來說都非常珍貴。而且，一旦疾病發作，都是同學們將他送到醫院，並墊付醫藥費……。

　　厚道的父親經常對小虎說要「學會為他人著想」。為了讓小虎上大學，哥哥十六歲就去打工，提供經濟資助。為了減輕小虎的病痛，比他小二歲的弟弟一直代替小虎幫忙家裡的繁重農活……。

　　小虎覺得，鄉親、同學、朋友給他的幫助太多太多，他一直懷著感恩的心在生活。「這麼多人關心我，幫助我，我也希望去幫助所有需要幫助的人，讓愛得以傳遞！」小虎的眼裡已噙著淚水。

　　考上研究所後，小虎一邊刻苦攻讀專業課程，從事腫瘤物理治療方面的研究，一邊積極參加各種社會活動。

　　他堅定地說：「我現在最想做的事，就是自己早日工作，來回報所有幫助過我的親朋好友們！」

36、生命不應承受之重

　　小春玲把哥哥們叫到繼父的床前，一字一句地保證：爸，媽走了是媽沒良心，我不會走，我要留下來陪你們共渡難關，從今天起，我就是你的親生女兒。這一年，申春玲年僅十二歲。

　　一九九八年八月二十四日，年僅十六歲的申春玲追悼會在村裡舉行，這是村裡規格最高的葬禮，他的哥哥們穿上了為父母送葬才能穿上的孝衣，在靈柩前長跪不起，全村老少自發地佩帶黑紗哭著為她送行……。

　　一九九四年六月，失去丈夫的母親帶著申春玲姐弟來到了繼父家。

　　繼父申樹平是一個手藝很好的木匠，為人忠厚老實。繼父上有七十多歲的父母，下有四個正在讀書的兒子。其中大兒子申建國在大學讀書，其他三個兒子在讀高中。

　　對於春玲母子三人的到來，繼父全家都表現出極大的熱情。雖然家庭支出處處捉襟見肘，但繼父還是立刻將早已過學齡的申春玲送到學校。

　　小春玲非常珍惜這得之不易的上學機會，第一學期就考了個全年級第三名。除了上課，她還包下了部分家務活，一

有空閒，就幫幾個哥哥洗髒衣服，幫繼父抬木頭、拉鋸，繼父逢人就誇：我這輩子有福氣，天上掉下個好女兒！

然而，快樂的時光轉眼即逝，一場橫禍從天而降。

一九九五年初夏，繼父在一次施工中從三樓摔了下來，癱瘓在床。家中支柱倒下，整個家庭的經濟來源斷絕了，而且為了幫繼父治病，背上了沉重的債務。看著癱在床上的病父，二哥申建軍率先提出輟學，父親不同意，因為他和老三馬上就要聯考了，他的成績在全校名列前茅。老三、老四也要求輟學，好挑起家庭的重擔。

正在哥哥們相爭不讓、繼父左右為難之時，小春玲卻提出由自己輟學，幫媽媽支撐起這個家。繼父流淚了，爺爺、奶奶也不停地抹淚。

三個哥哥也緊緊握住小妹的手，並在父親床前共同許下諾言：不論之後誰考上大學，小妹的這份恩情要加倍償還。

可是剛剛走出磨難的春玲母親卻承受不住再一次的災難打擊。母親在繼父受傷三個月後離開了危難的家。

母親走了，家裡的支柱又斷了一根，爺爺、奶奶成天流淚，繼父唉聲嘆氣，哥哥們心中更是驚恐不安。

小春玲把哥哥們叫到繼父的床前，一字一句地保證：爸，媽走了是媽沒良心，我不會走，我要留下來陪你們共渡難關，從今天起，我就是你的親生女兒。這一年，申春玲年僅十二歲。

小春玲說到做到，她包攬了家裡所有的農活和家務，和

真正的家庭婦女一樣日出而作，日落而息，為整個家庭精打細算地過日子。小春玲知道，這個家要想好起來，首先得讓繼父好起來，所以，在繁忙的農活之餘，她一刻也沒有停止為繼父治病。

一九九六年盛夏，由於天氣炎熱，繼父的病情加重，小春玲決定帶他去住院治療。安頓好家裡的事，她便帶著繼父上路了。八十多公里的路程她足足走了二天一夜，走到目的地時，她的腳磨破了，肩也腫得老高。在醫院為了節省住宿費，春玲住在醫院的自行車棚裡，看車的老人以為她是討飯的乞丐，幾次要趕她走。

小春玲只好實話實說，老人深受感動，不僅把她睡覺用的板車放在最裡邊，還特地為她找了一頂蚊帳。

在春玲的精心照顧下，繼父的病情穩定了，她又帶著繼父走回了家鄉。剛回到家就趕上了麥收，哥哥們都在上學，爺爺、奶奶只能幫著做做飯或捆麥子，七畝多地的麥子只能靠春玲一個人。為了搶收，春玲連續好幾天都睡在田裡，累得實在支撐不住了，就趴在麥垛上睡一會兒，醒來之後接著再割。

由於心急，再加上過度勞累，小春玲的嘴上起了水泡，手腳也磨出了血。她有點支撐不下去了，可是剩下的兩畝麥子怎麼辦？這些都是全家人的糧食啊！她急得忍不住在麥地裡失聲痛哭起來，哭聲引來了鄉親，大家對她同情不已，七手八腳幫她割完了麥子。

這次艱難的麥收，換來了全家的糧食，二哥在聯考中也

取得優異的成績，被大學錄取。手捧著二哥的錄取通知書，小春玲似乎忘記了自己的勞累，高興地跳著、喊著。望著又黑又瘦的小妹，落榜的三哥申建文不由地流下了傷心的淚水，自責地說：「我對不起小妹……」，說著痛哭起來。

小春玲慌了，拉住三哥的手，勸道：「哥，今年考不上，明年再考，你別灰心！」小妹的話讓申建文更是慚愧不已，他表示不讀了，要留在家裡幫妹妹。春玲執意不肯，她哭著問三哥：「我受苦受累不就是讓你們好好上學嗎？哥哥們有出息了，就是我有出息了，你怎麼就想不通呢！」三哥終於聽從了妹妹的勸說，決定重考。

二哥去讀書的日子越來越近，三萬元的學費壓得全家人喘不過氣來。無奈之際，小春玲想到了賣血。第一次去血站，因為年齡太小，醫生不准抽；第二次去，她虛報了年齡才被允許抽二百 CC 血。當她拿到四百元營養費時，臉上的愁容仍沒有散去。她知道，這四百塊錢對於三萬元的學費來說只不過是杯水車薪。

於是，她第三天又一次來到血站。這一次，醫生說什麼都不准她抽血。情急之下，小春玲向醫生下跪講述了賣血的原因。醫生沉默良久，才嘆了口氣說：好吧，就這一次，以後可別再來了，你還小還正在發育。這位好心的醫生象徵性地給她抽了少量的血，並從自己的口袋裡掏出錢，湊了七百塊錢給了小春玲。小春玲感動得直掉淚。

回到家，春玲如數把錢交給了繼父，繼父忙問她從哪來這麼多錢。小春玲撒謊說是借的。細心的二哥卻從她那蒼白

得沒有一絲血色的臉上明白了一切。他抓住小妹的手看了又看，又從她口袋裡掏了二張賣血的收據，全家人都驚呆了！可是，這些錢還遠遠不夠學費的一半，繼父決定賣掉一塊老宅地基，爺爺奶奶也決定把他們準備打壽棺的三棵大楊樹賣掉。繼父不同意，兩位老人執意說：「春玲為我們這個家拼了命，我們還要棺材做什麼。」

在全家人的努力下，二哥、三哥的學費總算湊齊了。為了讓二哥申建軍體體面面地去上大學，小春玲連續幾個晚上沒休息，為哥哥縫製了新棉被和新布鞋。臨行前，春玲去車站送二哥，她說：「二哥，我們家雖然沒錢，但有志氣，你一定要好好唸書，不要擔心家裡，你在外面也別苦了自己，需要錢儘管寫信跟家裡說，我幫你準備。」申建軍再也忍不住了，他把小妹緊緊地摟在懷裡，感動得淚流滿面……。

哥哥們上學去了，小春玲開始盤算著怎麼賺錢幫繼父治病，為哥哥們繳明年的學費。

起初，她也想跟村裡的女孩子一樣外出打工，可是家裡的三個老人沒人照顧，她只能在家想辦法。冥思苦想後，她決定種棉花致富。

可是不久之後，棉花全部遭受到棉鈴蟲的襲擊。這可急壞了小春玲，身高沒有棉花高的她趕緊背著二十多公斤重的藥桶在棉田裡噴灑農藥。

她聽人說，中午最熱的時候，除蟲最有效。她就挑中午陽光最強的時候噴藥，炙熱的太陽曬得棉田像個大蒸籠，令她常常喘不過氣來，她只好噴灑一行就出來呼吸一下新鮮空

氣。一天中午，由於藥桶漏水，她中暑暈了過去，被村裡人發現送了回去。醒來後，她不顧繼父勸阻，又掙扎著返回了棉田……。

農閒時，她和別人一起收過槐米、柳條，也推銷過草帽、黃豆，販賣過蘋果……四哥申建華看到年僅十四歲的妹妹如此辛苦，心中實在過意不去。他決定退學從軍，留下來幫妹妹。

小春玲卻很支持哥哥，她偷偷地勸慰哥哥道：「我最羨慕的是軍人，留在家裡又有什麼出息呢？你放心去吧，家裡有我。」禁不住小春玲的一再勸說，繼父終於同意了。

四哥去部隊那天，小春玲從口袋掏出一把皺巴巴的鈔票塞到哥哥手裡：「哥哥，這是八百多塊錢，是我省下來的，你留著用，到部隊後你好好做，努力當一個軍官回來。」申建華的眼睛濕潤了。

在繁忙的農活中，春玲始終不忘為繼父治病，一有希望，哪怕山高路遠，她也帶著繼父去。皇天不負苦心人，繼父的病有了很大的好轉，有時還可以拄著拐杖走路。哥哥們也是學業有成。大哥申建國在完成學業後又考取了碩士研究生，四哥申建華在部隊裡被提拔為班長。一九九七年九月，三哥申建文聯考順利過關，被中醫學院錄取。

一九九八年三月，奶奶突然重病，臨終前，老人緊緊抓住小春玲的手艱難地說：「玲兒，奶奶這輩子不虧，有妳這麼個好孫女，奶奶真捨不得妳呀！」說著老人顫抖著從枕頭底下摸出一個玉手鐲遞給春玲，春玲遲疑著沒接。爺爺說：

「玲兒，這是奶奶原本留給妳長嫂的，可是奶奶想，這個手鐲最該給你，妳就滿足了奶奶的心願吧！」春玲含淚接過了手鐲，老人安詳地閉上了眼睛。

奶奶去世後不久，出走了幾年的母親突然來信了，母親離家出走時後，找了一個做食品加工的老闆做丈夫，生活還算可以。她從別人口中得知女兒這幾年受的苦難，心裡充滿了愧疚。母親想讓女兒跟著她過，還允諾幫小春玲找一個好婆家。

讀著母親的信，春玲的眼淚奪眶而出，她恨母親的無情，可是那畢竟是自己的親生母親啊！她多想撲到母親的懷裡好好地哭一場，多想跟著母親過一個正常女孩無憂的生活啊！可是她怎能捨棄這個家，這個家雖窮，但家人都是真心地疼愛她啊！

善良的繼父看出了她的憂慮，勸她道：「玲兒，妳去找妳媽吧，爸爸不怪妳，我們家這麼苦，會拖累妳一輩子的，爸爸也於心不忍啊！」春玲咬了咬嘴唇，跪在繼父的床前說：「爸，我不怕吃苦，您千萬不要趕我走。」

春玲讓人代筆為母親寫了一封回信，拒絕了母親的要求。她一如既往地為這個家忙碌著。為了幫四哥多籌一點錢買書，一九九八年八月的一天，小春玲又一次想到了賣血。在她的再三請求下，醫生一次為她抽了三百CC血，原本身體虛弱、營養不良的她此時更加虛弱。她強打起精神去郵局匯錢。

沒想到，過馬路時一恍惚，她被一輛滿載著鋼筋的大卡

車撞倒，沉重的車輪從她身上軋過……。

　　噩耗傳來，爺爺承受不住打擊，病倒在床上；繼父四度昏厥過去；三哥申建文第一個趕到家，撲倒在妹妹的遺體前，哭昏了過去；二哥申建軍接到通知後，在火車上不吃不喝，哭著回到家鄉；讀研究所的大哥申建國聞訊失聲痛哭；剛剛收到陸軍學院錄取通知書的申建華收到妹妹的噩耗，當場暈倒在訓練場上。

　　依照當地的風俗，未成年人死後不僅不能舉行葬禮，就連祖宗的「老林」也不能入。小春玲到繼父家四年，除了改姓，連戶口也沒來得及報，所以，她還不能算村裡的人。可是村裡的長輩們深深地被這個「親情義女」的大仁大義感動，不僅破例為她舉行了最高規格的葬禮，而且還在祖宗的「老林」為她選擇了一塊墳地。老人們流著淚說：這麼好的女孩，死了不能讓她受屈了。

　　於是，文章開頭的一幕上演了……。

37、血緣之外的深情大義

　　十四個小時之後，手術成功了。更可喜的是，廖紅霞手術後胖了二點五公斤，新肝臟已經在體內正常工作，羅瑋的肝臟也已經恢復到手術前的八〇％……。

　　二〇〇五年四月，十九歲的羅瑋將自己的肝臟無償捐給一個素不相識的病人，成為第一例既無血緣又非親屬的活體器官捐獻者。

　　肝病已經嚴重到必須做移植手術的廖紅霞，怎樣也想不到奇蹟會降臨在她的身上。在她肝臟捐贈難覓，只能坐以待斃的情況下，一個素昧平生的女孩找上門來，要把自己的一半肝臟捐獻給她。

　　羅瑋是在報紙上看到新聞的，患者廖紅霞和丈夫是一對非常恩愛的夫妻，十二歲的女兒也非常懂事可愛，無奈病魔無情。殘酷的現實折磨打不倒他們，當地醫院被他們感動了，決定動用特別資金來幫助這對恩愛夫妻，醫院決定只要找到肝臟捐贈，就可以無償挽救患者的生命。丈夫自願捐肝，可是肝臟配對不成功，家人中只有六十歲老父親的肝臟與媳婦廖紅霞的相匹配，可是婆婆和家人卻不同意。

　　羅瑋經過再三考慮，決定捐肝給廖紅霞。她用簡單幾句

話說出了自己的想法：我到廖姐家去過，看見一片果林，是廖姐親手栽的。如果我不捐肝，廖姐就只有一個月的生命了……我想要她有時間吃到自己種的水果……我還看見廖姐的女兒，才十二歲，即使我捐肝只能延長廖姐五年生命，那時她女兒也長大了……。

看著花一般年輕的女孩羅瑋，聽到羅瑋父母為女兒擔心的焦急話語，廖紅霞矛盾了：無論是羅瑋，還是其他好心想捐肝給自己的人，對他們都有所傷害。她不願意傷害這些好心人，她想回家，不做手術了。

年邁的父母也無法理解女兒的舉動，他們苦口婆心地勸說，甚至還將女兒騙回家。但羅瑋在被父母帶回家兩天後，又偷偷跑回了來，她下定決心，一定要救廖姐。

羅瑋要醫院告訴廖紅霞已經為她找到了另外的肝臟，就這樣羅瑋瞞著父母和廖紅霞，悄悄地爬上了手術台。就在要被推向手術室的那一刻，羅瑋的父親打來了電話，她沒有想到父親流著淚說，他們都想通了，同意她的做法，還說，不管以後她怎麼樣，都會永遠照顧她的。

十四個小時以後，手術成功了。更可喜的是，廖紅霞術後胖了二點五公斤，新肝臟已經在體內正常工作，羅瑋的肝臟也已經恢復到術前的八○％……。

羅瑋成為了第一例既無血緣又非親屬的活體器官捐贈者，這令廖紅霞和她的親友們感動不已，也令知道這個故事的陌生人們感動不已。

但對此，十九歲的羅瑋只是說了一句樸實無華的話：沒什麼，就是想救她的命。

38、我能撫養你

　　小不點學會了做飯，如果有時候哥哥出去推銷東西，回不來，她就一個人做飯然後等哥哥回來吃。不論夜多深，不見哥哥回來，她不會上床睡覺。二○○五年四月一個週末，洪戰輝去外面推銷產品，到深夜才回家。打開門，洪戰輝驚訝地看到，小不點趴在桌上睡著了……。

　　一九八二年，洪戰輝出生於洪莊村。在他十二歲時，患有間歇精神病的父親突然抱回了一個棄嬰。

　　這是一個女嬰，用粗線縫製的棉衣上面綴滿了補丁。可能是飢寒交迫的緣故，孩子的嘴裡發出一種微弱的聲音。在孩子的貼身衣服上有一張紙條，紙條上寫著：無名女，農曆一九九四年八月十八日生，哪位好心人如果撿到，請收為養女。

　　貧寒的家庭承受不起哺育小女孩的花費，夜深的時候，母親要洪戰輝把孩子送回去，洪戰輝無奈地打開門，抱著孩子走在刺骨的寒風中，愛憐伴隨著痛苦，不忍心的他哭著又走了回去。他對母親說：「不管怎樣，我不送走這位小妹妹了……你們不養，我來養！」

　　小孩子留下了，洪戰輝給她取名為洪趁趁，小名「小不

點」。

父親畢竟是病人，經濟的原因不可能讓父親長時間吃藥，一旦沒有藥物維持，他就不可抑制地狂躁。除了不打小不點，家裡任何東西都成了他發洩的對象，包括碗筷，包括他的妻子，包括伺候他很長時間的兒子。他見什麼砸什麼，可憐的母親身單力薄，身上常是舊傷沒好，又添新傷。

一個家庭的重擔全部壓在了一個目不識丁的母親身上，這本身就不公平，更不公平的是她還經常遭受父親無緣無故的毒打。

一九九五年的八月二十日，家庭的重擔、父親的拳頭讓母親不堪重負，她選擇離家出走。

「媽，妳怎能丟下我們不管了啊！」洪戰輝和弟弟哭喊著尋找媽媽。生活就是這樣無情，看著嗷嗷待哺的妹妹，洪戰輝的哭聲消失在黑夜裡⋯⋯。

似乎一夜之間，洪戰輝長大了，變成了一個沉默寡言的人。撫養尚不會走路的妹妹，伺候病情不穩定的父親，照顧年幼的弟弟，年僅十三歲的他學會了忍耐，學會了承擔責任。

在他去學校的時候，他就把小不點交給鄰居照顧，放學回到家裡，再忙著準備全家人的晚餐。更難的是小不點的吃飯問題，每天一早，小不點「哇哇」不停的哭聲總會讓洪戰輝手足無措，只好抱著孩子去求附近的產婦們。天天討吃也不是辦法，洪戰輝後來千方百計籌錢買了一些奶粉。在一些

有經驗的人指導下，他學會了幫小不點泡奶。為了讓奶的溫度適中，餵奶的時候，他考慮到自己用口吮吸不衛生，他就將調好的奶水先倒點在手臂上，感覺不冷也不燙了，他才餵她。

吃飽了的小不點很聽話，洪戰輝只要上學前和中午及時回來餵奶二次，她就不哭鬧。難熬的是晚上，每到夜深，小不點就要哭鬧一場。這時，洪戰輝毫無辦法，他不知道怎樣哄她，只是抱起她來，拍打著她，在屋裡來回走動……。

夏天還算好過，冬天的時候，小不點的尿布尿濕了，又沒有多餘尿布可供替換，每天晚上，洪戰輝都是把濕透了的尿布放在自己的被窩裡面暖乾，天亮的時候再幫小不點換上。

一九九五年時，洪戰輝開始讀國中，學校離家有二、三公里。但在讀國中的三年間，洪戰輝無論是在早上、中午還是下午、晚上，都步行在學校和家之間，及時照顧小不點吃飯。

日子過得很艱辛，也很平淡。幾年了，母親杳無音訊，父親的病情也不斷反覆，為防意外，每一個夜晚，他都將小不點放到自己的內側睡，只要夜間一有動靜，他就先摸摸裡側的小不點。

幾年的生活讓洪戰輝成熟了，生活的不公平讓洪戰輝稚嫩的脊梁堅強且執著。七月，洪戰輝錄取了經濟管理系。

他利用假期，在一間彈簧工廠打工賺了一萬五千元。考

慮連學費都付不出來，去的又是新地方，開學這段時間，洪戰輝不準備帶小不點去學校。

開學後，他把小不點託付給了鄰居，自己扛起裝有一百多公斤彈簧的袋子上了火車，來到學校。在同學們的幫助下，他將這些彈簧賣給了一家製造捕鼠器的製造商，將所得的二萬多塊錢交到了學校。

為了生活，他在學校賣起了電話卡、圓珠筆芯，在電視台拉過廣告，並且幫一家電子經銷商做起了銷售代理，每月下來也有六千多元，僅夠全家人勉強生活。

二○○三年春節的時候，一個充滿溫馨的節日到了，洪戰輝回到了久別的家，又黑又瘦的他，看到失學在家的小妹又瘦又黑，身上爬滿了虱子，洪戰輝內心的歉疚油然而生。

春節開學後，洪戰輝的故事逐漸傳遍了校園。同學們推選他為學院市場行銷協會的會長，並自發地幫助他。系主任得知他的真實情況後，發起了捐款活動。當系主任將捐款三萬一千九百元交給洪戰輝時，他卻無論如何都不肯收下，最後學校將這筆捐款直接代交了他的學費。

當系主任問他還有什麼困難時，他提出了唯一的要求：想帶妹妹一起來上學！不是血緣卻超越血緣的「兄妹」之情感動了校方，他們破例同意洪戰輝將小不點接來，並單獨幫他安排了一間寢室，方便他照顧妹妹。隨後，洪戰輝來到學校附近的小學，找到校長，提出了讓妹妹插班的要求，校長同意了。

二○○四年的暑假，洪戰輝沒有回家，他想利用假期賺下學年的學費。他打電話給高中同學張永光，要他和另外一個同學幫忙把小不點帶到他這邊。

洪戰輝在火車站見到妹妹時，大吃了一驚，妹妹頭髮凌亂，臉色發黃，一身衣服很久沒洗了。他的眼圈紅了，眼睛裡有淚水，但在同學面前，他忍住了。小不點哭著抱住洪戰輝的腿，久久地不願意鬆開。幫小不點洗了澡後，又幫她換了套新衣服，剪了頭髮，小不點的面貌頓時煥然一新，一張原本清秀的臉重新綻放出了甜美的笑容。

小不點學會了做飯，如果有時候哥哥出去推銷東西，回不來，她就一個人做飯然後等哥哥回來吃，不論夜多深。不見哥哥回來，她不會上床睡覺。二○○五年四月一個週末，洪戰輝去外面推銷產品，到深夜才回來。打開門，洪戰輝驚訝地看到，小不點趴在桌上睡著了……。

洪戰輝把她抱到床上去睡時她醒了，睜開眼睛就撲到了他的懷裡：「哥哥，我等了好久，你怎麼現在才回家！我擔心你路上不安全咧！」洪戰輝的眼淚不由自主地流了下來。

每次看到洪戰輝不高興，小不點都會記在心裡，她聽哥哥的話，盡力幫哥哥做事。哥哥賣電話卡，去女生宿舍推銷不方便，她就拿著去一個個宿舍叫賣。路上看到空瓶子，她會撿了回來。遇到哥哥從市裡進了學生用品回來，她也會去幫著搬運。

二○○五年農曆五月二十五，是洪戰輝的生日。這一天，他突然聽到校園廣播裡在為自己生日點播歌曲，他吃了

一驚：這麼多年來，從沒人說起過自己的生日啊！便忙去打聽是誰點的。這時，他才知道，妹妹記住了他的生日，是妹妹，是他心手相牽十多年的妹妹為他點的。這天晚上，小不點放學回來，還為他送上了一隻千紙鶴。小不點說：「哥哥，這是高琴姐姐教我的，好難折，我還是折成了，我沒錢，不能買什麼東西送給你，就送這個了……。」

二〇〇五年七月，小不點在學校的期末考試中，國語考了九十四分，數學考了九十六分，並以特別的人生經歷和在校的優秀表現獲得獎狀。沒有什麼比這更讓洪戰輝高興的了。端詳著小不點的獎狀，十餘年的磨難之後，洪戰輝從來沒有體會到的一股暖流陡然湧上心頭，今天的親情是對他十年來艱辛的最好報答。

艱苦的生活即將過去了，也就在這個假期裡，洪戰輝回到家中還驚異地看到，久病的父親也許是因為自己考上了大學，病情竟大有好轉。雖然人看上去蒼老而痴呆，但再沒有過狂躁的舉動。母親也感到了愧疚，回到了久別的家中，幾年杳無音訊的弟弟也有了消息，他在打工，還交了一個女朋友，現在正準備賺錢蓋房子。

十二年前撿來的妹妹。十二年的歲月並不算短暫，小女孩已經從一個嗷嗷待哺的嬰兒長成了一個懂事的小學生；十二年的歲月也不算漫長，洪戰輝用一種純真的兄妹之情，繼續照顧著這個並無血緣關係的妹妹。

第五章
奉獻

　　奉獻精神是人類一種純潔高尚的情操，它是鼓舞和激勵人們奮發向上、公而忘私的內在力量。歷史上的偉人為推動人類文明與社會進步，作出了巨大奉獻，受到了人們世世代代的景仰。現實中的一般勞工同樣為人類文明和社會進步做出了應有的奉獻，也理應受到大家的尊敬。

39、二十五年如一日

　　從一年級到五年級，一個又一個教學循環，王寶杰一共送走六屆學生，誰生了病都享受一份額外的「補課待遇」。她說，耽誤莊稼是一年，耽誤學生可是一輩子啊！

　　從這個鎮到永平村那個低矮、昏暗的教室，來回將近四十公里，王寶杰二十五年如一日，天天如此，往返奔波，風雨無阻，沒有遲到過一分鐘，沒有缺過一節課。

　　一九七七年八月十五日，王寶杰高中畢業了，到離家二十里外的永平村小學任教。這一天，她在日記中寫道：「一九七七年八月十五日，這是我終生難忘的日子。十九歲的我站在了講台上，開始了為人師的生涯。每天幾十公里路途，每月二萬多塊薪水，會很苦很累，但我絕不後悔。」

　　一九八八年的一天，王寶杰六歲的女兒得了重感冒，高燒不退，丈夫又不在家，王寶杰看著女兒燒得通紅的小臉和痛苦的表情，猶豫著是不是該請一天假。可是班上那二十幾雙期待的眼睛立刻浮現在眼前，她便打消了這個念頭，把藥和水放在床邊，吻了吻昏睡中的女兒，悄悄走了出去。晚上下班回來，女兒捲著被子縮在床上啜泣，看見媽媽回來，女兒一頭撲進她懷裡，哭訴著：「媽媽，妳是不是不要我了？媽

媽，我好難受呀！」孩子渾身滾燙，在她懷裡顫抖著，王寶杰含著淚找來醫生，打針吃藥忙了一夜，第二天一早把孩子託付給鄰居，自己又匆匆上課去了。

一九九四年冬季的一天，王寶杰像往常一樣冒著大風雪匆匆上路了。雪天路滑，轉彎時車子倒了，王寶杰重重摔倒在地，左腿立刻痛了起來，幾次試著站起來都沒辦法。要是有人幫忙就好了。可是，環顧四周，白雪茫茫，連個人影都沒有。時間一點一點地過去，想到孩子們上課會被耽誤，她咬著牙掙扎著爬起來，扶著腳踏車，一瘸一拐地走到了學校。這時，她的腳腫得連襪子都脫不下來。醫生檢查，踝骨摔傷，須臥床休息。可是為了不影響正常教學，她要丈夫每天接送她上班，一堂課也沒缺。由於沒有得到徹底治療，她左腳留下了後遺症，平時只能穿平底鞋，站立時間稍長就疼痛難忍。

王寶杰說，鄉下地方的教師一個蘿蔔一個坑，你不上課，孩子們就得放學，她不忍心。

就是這樣一個簡單的「理由」，就是這樣的「不忍心」，支持著王寶杰二十五年如一日，沒有因天氣和其他原因遲到過一分鐘，請過一天假。有人粗略地算過：二十五年她在這條鄉村路上奔波的里程，相當於十個二萬五千里。

要讓每一個農民的孩子都能好好唸書，這就是王寶杰的心願。一到交學費雜費時，不少家長就感到為難。於是王寶杰拿自己微薄的薪水替學生交學費。二十五年來年年如此，一共交了多少錢，她自己也不清楚。

一位學生回憶說，記得當時想回家看看，但才九十元的火車票都拿不出來，王老師卻把二百元偷偷放進我的書包，讓我回家探親。那時她一個月的薪水還不到三萬元。

　　從一年級到五年級，一個又一個教學循環，王寶杰一共送走六屆學生，誰生了病都享受一份額外的「補課待遇」。她說，耽誤莊稼是一年，耽誤學生可是一輩子啊！

　　一個當地的農民說，他的兒子在王寶杰現在教的一年級班上，孩子感冒了，他自己都不知道，可是王老師知道。憨厚的農民說不出更多讚美的話，只是一個勁兒地說：這可是個好老師，好老師啊！

　　一九九七年的一個夏天，教育局忽然來了一群風塵僕僕的農民，指名道姓地要見局長。他們既不是告狀，也不是申訴，只是聽說王寶杰老師要調學校，他們代表全村要求王老師留下來。

　　教育局為難了，他們其實只是想幫王寶杰解決困難。二十多年往返奔波，如今年紀大了，又有一身的病痛，教育局應該好好照顧她，讓她回到鎮裡工作，何況調職令已經開出去了。

　　第二天，農民們開來了二輛拖拉機，家長、學生坐得滿滿的，直接來到王寶杰的家。一進門，孩子們就把王寶杰圍在中間，拉手的，抱腿的，拉衣服的，一邊哭，一邊說，王寶杰受不了，抱住自己的學生熱淚滾滾。讓家長、學生離開後，王寶杰找到了教育局，表達了自己的意願，當天下午就回到了永平村小學。

　　如今，王寶杰依然奔波在那條往返了二十五年的鄉間道路上，還是一輛自行車，還是早起晚歸。她說：為了農村的教育事業，為了農村的孩子們，我無怨無悔。

40、英雄老師

殷雪梅老師出事之後，全國媒體的一百多名記者聚集在這裡，他們在採訪報導殷老師事蹟的同時，同樣陪伴在殷老師的周圍，等待著殷老師從昏睡中醒來……。

二○○五年三月三十一日中午，一所小學低年級學生排隊出校門，前往電影院看電影，帶隊教師殷雪梅在確認左右兩邊沒有車輛經過的情況下，領著學生沿著斑馬線過馬路。此時，突然由西向東疾馳過來一輛白色轎車，同時帶領學生的楊舊生老師連忙示意停車，並大喊：「有車，快閃開！」伸手將身邊的同學推到校門口，可是小車保持飛快的速度飛馳而過，已靠近路南邊的殷雪梅老師聽到喊聲後迅捷反應過來，轉身張開雙臂，將正行走在路中央的六、七名學生一起推到路邊，學生的命保住了，殷雪梅老師卻被小車撞飛二十五公尺，飛落在一片血泊中……。

殷雪梅老師被送往醫院搶救，一直昏迷不醒，生命垂危。

殷雪梅老師出事之後，全國媒體的一百多名記者聚集在這裡，他們在採訪報導殷老師事蹟的同時，同樣陪伴在殷老師的周圍，等待著殷老師從昏睡中醒來……。

　　殷老師用她脆弱的身軀，挽救了六名小學生的生命，創造了一個奇蹟，可是奇蹟沒有再次降臨在殷雪梅老師的身上。

　　四月五日，陽光明媚，殷雪梅老師的事蹟恰似明媚的陽光；四月五日的太陽，便是殷雪梅老師幸福而忠厚的笑容。四月五日凌晨，這個英靈飄然逝去……。

　　殷雪梅老師走了，學生們在黑板上寫滿了一個個「活」字。他們痛哭流涕。他們多麼希望殷老師能醒過來，依然帶著微笑走進教室，站在講台上，在黑板上寫著板書，在教室裡來回地走著，朗讀著課文……他們唯一的表達方式就是哭泣……。

41、音樂家的愛心之旅

　　叢飛將他無私的愛，獻給遠在大山深處的貧困孩子。只要有義演，他一叫就到，有時一天要演出四、五場，時常累得嗓子嘶啞。十年來，叢飛為助殘、助學、賑災所進行的義演超過了四百場。

　　一九六九年十月，叢飛出生在一個貧困的家庭。倔強的他不甘心向命運低頭，四處拜師學藝，一九八九年，終於考入了音樂學院聲樂系。一九九四年，叢飛已成了一名深受觀眾喜愛的知名演員，他先後獲得二十多個藝術獎項，還榮獲「優秀音樂家」的稱號。

　　然而，就在叢飛準備在歌唱事業中大顯身手時，無情的病魔向他襲來。二○○五年五月十二日，年僅三十六歲的叢飛被醫院確診為晚期胃癌。熱愛藝術的叢飛，不得不離開了他無比眷戀的舞台。

　　令人震驚的是，知名歌手叢飛卻根本拿不出看病的錢。他把自己所有的錢，都捐獻給了山區的貧困學生和需要幫助的身障人士。近十年來，叢飛至少捐獻了三千萬元善款。

　　一九九四年，在參加一場為失學兒童重返校園的慈善義演中，叢飛開始了認養貧困失學兒童的愛心之旅。他先後

二十多次前往貧困山區，為當地的失學兒童籌集學費。自一九九五年叢飛正式認養資助第一批輟學兒童以來，他已經資助了貧困學生共一百七十八人，其中還有十幾個少數民族的學生。

二○○○年九月，叢飛到山區參加義演，當即向當地的小學校長徐習文表示，要資助即將輟學的貧困孩子繼續讀書。「把你們這裡所有貧困孩子的名單給我，學費問題我回去想辦法。」就這樣，叢飛認養了一百零二個「乾兒女」，其中孤兒五十多名。

回家沒多久，他就匯出了第一筆學費，五年來從未間斷。他曾六次前往山區看望他的「孩子們」，還認養了另外五十多個孩子。

然而，要順利扶養這麼多孩子完成學業，談何容易，叢飛為此付出了巨大的代價。作為一個有一定知名度的歌手，長期活躍在舞台上的叢飛是一個高收入者，他本來可以和大多數同行一樣過著富足的生活，但認養一百七十八名「乾兒女」的大量開支卻經常令叢飛入不敷出。

叢飛十多年從來沒有為存錢辦過存摺。家中唯一的一個存摺，還是買房子辦貸款時被銀行要求辦的，有時候他連支付每個月二萬多元房貸都成了問題。

走進叢飛僅五十七坪的家，看到的也是驚人的「寒酸」。五道門竟有三道是壞的；家裡更沒有幾件像樣的家具，冰箱和冷氣機都是從二手市場上買回來的；衣櫃裡只有一件長期伴隨叢飛的白色表演服，據說還是斷了碼的貨。

說起自家破舊的防盜門，叢飛的媽媽哭了。「為了把錢省下來給山區的孩子讀書，叢飛買了市場上最便宜的防盜門，誰知用了沒多久就壞了。經常想開的時候開不了，想關的時候又關不牢。」有一次，叢飛媽媽買菜回家，卻怎麼也開不了門，一時尿急竟尿到褲子上了。老人家又急又羞，叫叢飛趕緊換個門，叢飛卻說：「換個門，得花好幾千元，是山裡孩子一學期的學費呢！」

　　二○○三年 SARS 期間，由於演出收入不穩定，為了不讓孩子們因欠繳學費而輟學，從來不願伸手的叢飛不得不四處借錢。到今年二月，當遠方的孩子們從郵局收到學費時，他們卻不知道他們的恩人此時已經背負了一百七十萬元的債務！

　　叢飛將他無私的愛，獻給遠在大山深處的貧困孩子。只要有義演，他一叫就到，有時一天要演出四、五場，時常累得嗓子嘶啞。十年來，叢飛為了助殘、助學、賑災所進行的義演超過了四百場。

　　叢飛的精神感動了整個大眾，二個月來，他的病情牽動千千萬萬個大眾的心，醫院和衛生署特別組織了醫療專家成立治療小組，為叢飛開闢「綠色醫療通道」，全力以赴挽救「愛心大使」的生命……。

　　但即使在病房裡，堅強、樂觀的叢飛還是時時不忘山裡的孩子。

　　「因為生病沒有演出收入，我第二批認領的五十多個孩子怎麼辦啊？」在病床上，叢飛始終牽掛著山區的孩子們，並

為此憂心忡忡。直至瞭解到政府已經以組織的名義接管這些
孩子後，他才放了心……。

42、馬班郵路上的傳奇

一九八五年五月，在一個叫「九十九道拐」的地方，王順友被受驚的騾子踢中小腹，當時就痛倒在地，動彈不得。過了好一會，他才爬起來，想到路都走了大半了，還有很多郵件沒送，就捂著肚子繼續往前走。平時只要六天就可以走完的路，那次他走了整整八天。

有一個遙遠的縣城，全縣二十九個鄉鎮有二十八個鄉鎮沒有公路，不通電話，以馬馱人為方法的郵路是當地政府和民眾與外界保持聯繫的唯一途徑。全縣除了縣城之外，十五條郵路全部是馬班郵路，而且絕大部分是在海拔四千公尺以上的高山。

王順友的父親在一九八五年時當上郵差，是當時的第一批郵差，在這條路上跑了整整三十年。王順友在兄弟姐妹裡是老大，一九八五年代班上了郵路，到如今又是整整二十年了。

在馬班郵路上，深山、密林、峽谷、缺氧高山和積雪地帶是必經之路，騾馬只能用來馱郵包，郵差必須步行，途中狼、熊、水蛭常與他們相伴，累了就在帳篷裡露宿。王順友走的郵路山高路遠，氣候惡劣，翻越四千八百公尺的高山

時氣溫常在攝氏零下十幾度，下山走到河谷氣溫又高達攝氏四十度。用雪解渴、用酒驅寒，是王順友生活的主要方式；頭痛、風濕、胃病、肝病，是常年跑馬班的郵差通病。

二十年裡，王順友在馬班郵路上留下了數不清的驚險與滿身傷病。一九八五年五月，在一個叫「九十九道拐」的地方，王順友被受驚的騾子踢中小腹，當時就痛倒在地，動彈不得。過了好一會，他才爬起來，想到路都走了大半，還有很多郵件沒送，就捂著肚子繼續往前走。平時只要六天就可以走完的那趟路，那次他走了整整八天。

八天裡他幾乎沒有睡過覺，也沒有吃過東西，只能喝點水，最後終於將該送的郵件全部送到。王順友趕回醫院檢查時，已經是第九天了，醫生診斷發現，王順友的腸子被踢斷了三公分，腹腔裡已經化膿了。經過緊急搶救，王順友保住了生命，但腸子從此短了一截。

二十年來，王順友每個月都有二十四至二十八天獨自在郵路上度過，每年投遞報紙八千四百多份、雜誌三百三十多份、函件八百四十多份、包裹六百多件，他從沒延誤過一個班期，從沒有丟失過一份郵件，投遞準確率一○○％。時至今日，王順友更是已經在深山裡跋涉了五十三萬公里。

這條往返共三百六十公里的郵路上除了鄉政府、學校和衛生所，就是零零落落散居在山裡的村民們。沿途沒有郵局，王順友和騾馬就是他們的「流動郵局」。

王順友往返一趟郵路至少需要十四天，其中至少有六晚是住在山上。王順友說，白天趕路還好一些，晚上睡覺只有

風聲、馬鈴聲、動物的叫聲，想說話都沒有人，太孤獨了，孤獨得讓人害怕。

為了驅散孤獨寂寞，王順友每次出門都要帶著酒。王順友白天不敢喝酒，怕喝多了把郵件搞丟。他只是在晚上把帳篷搭好，把馬餵好才開始喝酒，喝了酒就開始唱山歌解悶。

常年在馬班郵路上奔波勞累，馬班郵差的薪水並不高，王順友每個月拿到手的收入只有三萬多元，幫老鄉代寄信函代買東西、餵養騾馬還得倒貼一些錢，王順友覺得對家人非常虧欠。

二十年來，王順友九○％以上的時間都在郵路上，妻子獨自在家務農，支撐著裡裡外外的大事小事，心裡牽掛著獨自在路上的王順友。長年的辛勞和操心使妻子身材乾瘦，面色發黃，似乎一陣風就可以把她吹倒。那次妻子患病住院，王順友陪了她三天，這三天，竟是王順友和妻子待在一起最長的一次。

王順友有時候在山上一邊喝酒一邊流淚，他覺得很對不起家人。妻子跟他這麼多年，沒過什麼好日子。家裡困難，女兒也沒有讀到書，而且長期在外，兒子也跟他都有點生疏了……。

現在，王順友最大的心願就是山區裡每一個鄉鎮都有公路，這樣，其他郵差就不必再像他一樣牽著馬天天爬山了。

43、你還在我們身邊

護士長徐國英永遠都忘不了王晶在病倒前寫給她的報告。那是一個有關護理學的報告，王晶在報告裡面強調了「舒適、安全和責任」的六字方針，這也是急診科所有護士一份寶貴的精神財富。

醫院急診科一共有六十五名護士，其中，王晶護理了首例 SARS 病人。

二〇〇三年四月五日那天，急診科來了一個六十多歲的老太太。她雖然沒有發燒，但是她的呼吸已經有點衰竭。當時醫院懷疑她可能感染了 SARS，這是醫院裡第一個收治的 SARS 確診病人。

當時王晶第一個衝上前去幫這位病人上呼吸機，並一直護理她。她說：「這個病人由我來護理吧！」

急診科護十長徐國英說，王晶是急診科護士的驕傲。

四月六日，醫院開始接到主管機關通知，要成立專門診治 SARS 病人的小組，當時正在家裡休息的王晶，接到醫院的電話後二話不說就直接趕到了醫院。

這時醫院急診科接診的 SARS 病人已逐漸開始增多，工

作量隨之驟然增加，但是王晶沒有說過一句怨言。看著疲憊不堪的王晶，徐國英再也忍不住了。她心疼地要王晶休息一下，但王晶卻說：「現在大家都在忙著診治 SARS，我應該衝在最前面，怎麼能休息呢。」

四月十二日，醫院科室的一個組長被 SARS 感染病倒了，徐國英便讓王晶當了那個小組的組長，之後，直到她病倒為止，一直兢兢業業，沒有出過一次差錯。

四月五日到四月十七日，醫院急診科接收了多名 SARS 患者，其中王晶護理過的病人就有十分之一。四月十七日王晶病倒的那個晚上，她還在值夜班。

四月十七日的那個晚上，王晶值夜班，按照習慣她會安慰情緒急躁的病人，但是那天她的臉色非常難看，當時大家以為是她的胃病發作，都要她趕緊回去休息。但是過了一會兒，護士們說王晶發燒了，並傳出了王晶感染 SARS 的壞消息。

護士長徐國英永遠都忘不了王晶在病倒前寫給她的報告，那是一個有關護理學的報告，王晶在報告裡面強調了「舒適、安全和責任」的六字方針，這也是急診科所有護士一份寶貴的精神財富。

為了對抗 SARS 病毒，醫院急診科先後有二十五個醫護人員病倒，其中醫生丁秀蘭、護士王晶永遠離開了她們所熱愛的工作。

王晶的同事楊淑娟遲遲無法接受王晶去世的事實。「我

真的覺得王晶並沒有走，她還是跟過去一樣默默地站在我們身邊，跟我們一塊兒工作、吃飯、聊天、生活。醫院重新開診了，我們科的護士又恢復到以前的工作狀態，有時候忙起來，還會脫口而出：『王晶，妳幫我過來盯一會兒。』」

很遺憾，王晶沒有等到和我們一起笑對 SARS 的這一天。

讓我們再次回顧這位犧牲在對抗 SARS 前線的英靈，在感染 SARS 後的最後生命歷程。

二○○三年四月十六日，醫院護士曾麗打電話向報社求助：王晶需要 SARS 痊癒者的血清。

二○○三年四月十七日，二十多位 SARS 治療專家對王晶進行了會診。

二○○三年四月十八日，「血清治療」被迫放棄。

二○○三年四月十九日，王晶轉院繼續接受治療。

二○○三年四月二十二日，呼吸疾病專家肖正倫為王晶會診。是日王晶雖然清醒神志，但病情極其嚴重。

二○○三年四月二十三日，王晶使用了「SARS 第一藥」——西維來司鈉。

二○○三年四月二十四日，王晶病情危急，呼吸極為困難。

二○○三年四月二十六日，王晶肺部幾乎失去呼吸功能，血氧飽和度繼續下降。是日，有女工表示願為王晶捐肺，醫生表示：不能感情用事。

二〇〇三年四月二十七日下午三點三十分，王晶病逝，終年三十二歲。

二〇〇三年四月二十九日，醫院為王晶舉行追悼會。

44、英雄永垂不朽

　　同袍們剛剛投入戰鬥，李向群喝了二杯開水，又不顧勸阻上堤扛包。一包、兩包、三包……大約扛了二十多包，他再也支撐不住了，口吐鮮血，連人帶包倒在了淹水的堤防上。

　　李向群家裡務農，入伍從軍前本來自己當老闆。一九九六年十二月入伍後，一九九八年夏天隨部隊參與防洪工程，在參加工程時李向群不畏艱險，英勇奮戰，先後四次暈倒在堤防上，最後壯烈犧牲。

　　在表揚大會上，長官讚揚李向群等英勇犧牲的官兵，稱讚他們「用生命譜寫了壯麗的人生凱歌，他們的英名將永遠銘記在人民的心中！」

　　李向群犧牲時年僅二十歲，當兵只有一年八個月。在他的生命歷程中，曾四次參加國防施工和防洪工程，五次捨己救人，用自己的崇高理想和英雄事蹟，為國軍贏得良好的形象。

　　一九九八年八月五日，李向群所在的部隊奉命參加抗洪工程，當時李向群第一個報了名。當他成為隊員後，先後三次第一個跳入江水中查漏洞、堵管湧、築人牆。連隊冒雨搶

運沙包，加固堤防，李向群總是一路小跑，別人扛一包，他扛兩包。排長郭秀磊提醒他別把身體累壞了，李向群笑著說：「年輕人有的是力氣，力氣用完了還會長！」

八月十四日，李向群在救生衣上寫下了「全力以赴」四個大字。八月十六日，河水水位猛漲到四十五點二二公尺，破歷史最高紀錄。李向群冒雨連續奮戰了十四個小時，感到有點頭昏發熱。他覺得自己可能是淋雨感冒了，就悄悄找衛生兵王穩官，要了幾顆速效感冒膠囊。他見衛生兵要作就診登記，就說：「我們是好朋友，你千萬別登記。要不，連隊知道了就不會再讓我工作。」

小王看著李向群求助的目光，無奈地嘆了口氣：「好吧，但下一次絕不幫你掩護。」李向群高興地說了聲「一言為定！」與小王擊了一下手掌，就跑上了大堤。

下午堵管湧時，他突然暈倒在地，高燒四十度，連隊迅速把他送進了衛生隊。八月十九日中午，正在吊點滴的李向群聽到緊急集合的哨音，自己拔掉針頭就上了大堤，一口氣工作了一個多小時。漸漸地，他的腳步慢了下來，頭痛得越來越厲害，他便找來一根帶子緊緊紮在頭上，繼續搶運沙包，直到又一次暈倒在堤防上，被同袍再次送進衛生隊。

八月二十一日，堤防又出現了近七十公尺的內滑坡，五萬多名民眾危在旦夕。李向群躲過值班的衛生兵，爬上本團炮營的一輛卡車，和同袍們一道上了堤防。

在搶運沙包的人潮中，指揮官胡純林突然發現了李向群，命令他立即回去休息。李向群打起精神說：「我還可

以！」指揮官發火了：「不行，你必須回衛生隊！」說完連拖帶拉，將李向群推上了一輛回部隊駐地的卡車。可是不一會兒，他發現李向群又出現在另一個地方扛沙包，只好叮囑班長王紹照顧好李向群。

上午十點左右，當李向群扛著沙包爬上大堤時，一個跟頭栽倒在地，他第三次暈倒了。同袍和地方群眾頓時圍了上來，經簡易救治，李向群漸漸甦醒過來。他著急地對大家說：「我沒事，保護堤防要緊，你們趕快去搶救！」

同袍們剛剛投入搶救堤防，李向群喝了二杯開水，又不顧勸阻開始扛沙包。一包、二包、三包……大約扛了二十多包，他再也支撐不住了，口吐鮮血，連人帶包倒在了淹水的堤防上。

衛生隊火速將他送進醫院，當晚又轉送其他醫院搶救。在生命垂危之際，李向群還用微弱的聲音問指揮官王戰飛：「堤防保住了沒有？」王指揮官含著淚水，強裝笑臉告訴他：「堤防沒事，你安心養病吧。」李向群又斷斷續續地對指揮官說：「晚上還有任務嗎？一定要讓我去……。」

八月二十二日十點十分，李向群終因極度勞累，病情惡化，經全力搶救無效，永遠地離開了我們。

45、呼和浩特走過這樣一個人

　　二○○四年八月十四日凌晨四點三十分，年僅五十一歲的牛玉儒永遠離開了他曾日夜牽掛的事業和心之所念、情之所繫的市民，人們悲痛著他的離去，懷念著他對這座城市充滿激情的五百個日日夜夜。

　　二○○三年四月十日，牛玉儒被任命為呼和浩特市市委書記。到他去世為止，牛玉儒在這座城市僅僅工作了四百九十三天，但所有市民卻有一個共同感覺：這個市委書記與眾不同！

　　市民們從一場突如其來的災難中認識了這位新任市委書記。牛玉儒上任第三天，SARS疫情迎面而來！

　　疫情兇猛，「封城」傳言四起，民眾的心情一下子緊張起來，生活必需品被搶購一空，無良商家趁機哄抬物價，一斤蘿蔔竟賣到了八塊錢！

　　就在這時，牛玉儒來到了民眾之中。他到的都是最危險的地方：SARS醫院、疫情社區、垃圾清理場……新市委書記連口罩都沒戴，就和身穿防護服「全副武裝」的醫護人員一一握手、親切問候，現場解決劃定病區、後勤保障等問題。

「人家市委書記都不怕，我們怕什麼？」看到牛玉儒，人們懸著的心很快落了下來。牛玉儒及時指揮調度，由政府撥款調運物資穩定市場，一場風波消失於無形。

四十多天裡，牛玉儒的足跡遍佈城市的大部分社區街巷；四十多天裡，牛玉儒辦公室的燈光幾乎沒熄過，每天開會到深夜。散會後，牛玉儒親自從網上下載其他城市對抗 SARS 的經驗和做法，分類整理，轉發各部門。其他同事早上一到辦公室，就會發現牛玉儒批的文件和資料早已擺在桌上，而此時牛玉儒早已到基層為市民解決急需的問題去了……。

二個月艱苦卓絕的攻堅戰結束了，已四十多天沒回過家的牛玉儒，拖著疲憊的腳步踏進家門，整整瘦了三公斤！

牛玉儒瘦了，但他在市民心中的形象卻大大地提升了。

這座城市越看越像個小村莊，由於負債過多，城市建設一直無法讓市民滿意。牛玉儒接過前任市委書記的接力棒，開始打響了改造城市的戰役。

烈日炎炎，塵土撲面。牛玉儒徒步幾公里，實地察看道路環境整治情況。他一步一步地量著走，從路緣石到綠化帶以及便道的鋪裝，從磚的厚度、強度到樹木的養護，他都一一過問，反覆叮囑。建設局的公務員無不驚嘆他的「內行與專業」。

一個下雨天中午，建設局的公務員接到了牛玉儒的電話：「快到青城公園來！」等在公園裡的牛玉儒對他們說：「公園本應是市民休閒、娛樂的場所，但因為一塊錢的門票，就

把多數市民擋在了門外。要想辦法把這裡的破爛收拾出去，把公園建得漂漂亮亮，開門讓市民進來。」

建設局怕公園開放不好管理，一時想不通。牛玉儒耐心地解釋：「這不是收不收門票的問題，更重要的是展現政府部門由管理向服務的轉變。要透過公園開放，促進城市園林綠化的發展。」臨末還鼓勵一句：「什麼時候你們把公園都治理好了，我來請你們客！」

不久，這座城市的公園全部免費開放，還綠於民，城市居民找回了「青」的感覺。

牛玉儒出門時愛坐計程車，不少計程車司機不經意間就成了他的「高級參謀」。司機楊樹林就在一個週日上午載過牛玉儒，向他抱怨廁所難找，得繞行好遠才能找到，道路擁擠也影響計程車生意。

此後不到一年，這座城市的街頭一下子冒出了許多現代、新穎的公廁。原來擁擠的馬路幾個月內就拓寬了。路寬了，計程車生意就好，司機提起牛玉儒就讚不絕口。

大街美了，牛玉儒還要看小巷：「光大街美不行，民眾可是生活在小巷裡啊！」他發現很多學生晚上下課後，在漆黑的小巷裡行走，他隨後就一一點名要建設局裝上路燈。從此，四十七條這樣的「黑巷」一片光明，民眾的心更是透亮。

一個週日，牛玉儒發現新鋪好的便道上有根電線桿正擋在導盲道中央，他對建設局人員發了火：「這樣的導盲道盲人怎麼用？這不是害人嗎？」當即要求對市區內所有的導盲道

全面檢查、清理，全市幾萬身障人士由此受益。

城市美了，牛玉儒還想著市郊。這座城市附近有一條河，每到夏天就會爆發洪水，冬天沙塵飛揚，市民避之唯恐不及。

牛玉儒上任不久就成了這條河整治工地的「常客」。為了確保搶在洪水來臨之前結束河底和河岸工程，他早晚都要去工地。工地從頭到尾三公里路，他疾步如風，每次去都「量」幾遍。

不久之後河道工程完工，市民有了新去處。噴泉沖天而起，綠化隔帶分佈河岸，這條河變得人潮如流，遊客不斷。

城市變了，市民就在一草一木的變化中，真切感受到這個新市委書記身上投射出的兩個字：勤政。

牛玉儒常說：「不要想著做大官，要想著做大事，要做人民拍手稱快的好事、實事。生命一分鐘，敬業六十秒！」

一九九六年到二〇〇一年，牛玉儒在這座城市當了四年多市委書記，經歷了大地震的這座城市，百廢待興。

之後，牛玉儒接連做了幾件大事：克服重重困難，成功實現大型企業股票上市；抓住震後重建機會，引入資金進行高水準的城市規劃和建設，使這裡成為聞名全國的城市，還獲得聯合國「人居獎」。

與他共事過的人都說：牛玉儒身上有股「魔力」，他到哪裡，哪裡就發展；他到哪個職位，哪裡工作就有起色；他到什麼地方，很快就會有好口碑；他接觸到誰，誰就會被激起

做事創業的欲望。「跟他做事很苦很累，要求也嚴，可是不知為什麼就是願意跟他一起做！總覺得有一股衝勁，能成就一番事業！」這，就是領導魅力！

擔任市委書記後不久，牛玉儒便提出了「三個翻倍、一個第一」的目標：到二○○七年，全市經濟總量、財政收入、城鄉居民收入要在二○○三年的基準上翻一倍，即年增幅都要達到一八％以上！全市綜合經濟實力和人均收入水準，要位居全國五個少數民族自治區首府城市第一！

一分耕耘，一分收穫。二○○四年上半年，呼和浩特引進區外項目和資金已連續三個月在自治區排名第一。牛玉儒提出的「翻三倍」的目標，也有望提前實現。

無論官位多高，權力多大，牛玉儒與民眾總有著一種割捨不斷的深情。

身障人士孫震世喪失了工作能力，為供養上大學的養女，欠下了二萬多元債。牛玉儒進門後，關切地問老人：「年貨辦了沒有？」老人以為市委書記只是問問，就簡單地回答：「有啦，公所都送來了。」

牛玉儒不放心，親手上前打開屋內唯一一個櫃子——裡面只有一袋麵。他一陣心酸：「這哪行？過年不能光有一點食物啊！」

他把民政部門的救濟款交給老人，又把自己口袋裡的錢全掏了出來，對大家說：「我們捐點錢，讓老人好好過年，再想辦法讓孩子把書唸好！」又為像這位老人一樣沒電視的

五百戶貧戶送去了電視，讓他們第一次過上了一個「有聲有色」的春節。

多少年來，牛玉儒為與他素不相識的民眾辦過無數實事、好事，可是在親戚中他卻「六親不認」。

牛玉儒的五個兄妹，至今全是普通百姓。妹夫幾年前離職，妹妹打電話來求助，牛玉儒說：「這事三哥我不能管，離職只是一個簡單的問題，你們要自己多想想辦法，給別人帶個頭。」

牛玉儒回家回得晚，可是起得特別早。妻子還沒醒來，他早走得沒影了——上班前明察暗訪是他的慣例。牛玉儒對妻子說：「妳得多體諒我一些。我必須得這麼做，上受主管重託，下對百姓承諾，我別無選擇。等將來我退休了，一定好好陪妳，幫妳做飯、做家事，妳想去哪兒我都陪妳……。」

二○○四年四月，一直用止痛藥對付「胃痛」的牛玉儒，被檢查出是「結腸癌肝轉移」，醫生和主管要求他立即到大城市作進一步確診，可是牛玉儒硬是堅持等呼市「兩會」圓滿結束，才從人大閉幕會場出來趕往機場。

他平時只知道沒日沒夜地工作，從不珍惜自己的身體。都病成這樣了，他還在與醫生交涉：要盡量在休假期間完成手術，三天下床，七天拆線，十天出院回家工作！

他安慰妻子說：「我沒事，怎麼也能再活個三到五年。我對市民的承諾還沒兌現，要做的事兒還多著呢……」。他對前來看望他的主管說：「過去戰爭年代不少人二十幾歲就犧牲

了，我已經夠本了！」

五月三日，醫生為他做了手術，而牛玉儒真就說到做到：三天下床，七天拆線。然而，十天後牛玉儒卻沒辦法出院回家工作——他開始了痛苦的化療。

化療熬人，牛玉儒的身體反應比一般人還強烈，化療後長時間高燒不退，幾近昏迷。但他沒喊過一聲疼，叫過一聲痛。

只要體力有所恢復，牛玉儒的病房就成了「辦公室」。他天天躺在病床上，從早到晚不停地透過電話指揮工作，不停地與身邊的工作人員討論工作。

多年來，妻子謝莉早已習慣了牛玉儒快節奏的生活方式，但是護士可不准：「醫院是治病的地方，這裡哪能像在辦公室？」於是，牛玉儒就讓來談工作的人與護士捉起了「迷藏」。護士來趕，他就要人避一避，護士一走，他就忙著要找人：「人呢？接著再談！」

一次，女兒為了分散他的注意力，故意講笑話給他聽，解除他的疲勞。他眼睛盯著女兒，看似在認真聽孩子說，可是聽著聽著，忽然從他嘴裡冒出一串工作電話號碼，要女兒馬上幫他撥電話。女兒再也笑不出來，抱著父親大哭。

住院期間，牛玉儒三次回到他所管轄的城市，每次都是在化療後的五、六天，身體剛剛恢復時。但是，工作人員已看出他的雙腿不時在打顫，涔涔汗水浸濕了衣衫。他們忍不住一次次地打斷他的問話，建議早點結束，但牛玉儒問得還

是那麼細，想得還是那麼深！

七月十六日，市政會議召開。為了能回來說說他對這座城市發展的美好構想，他做了長時間準備。那時第二次化療剛結束，他每天努力多吃飯，精神狀態讓醫生都倍感驚訝。他還每天都積極量體重，但體重卻直線下降：一百七十六公分的身高，體重竟已不到五十五公斤！

在他一再堅持下，牛玉儒提前一天回到這座城市。一進家門，就要妻子幫他準備參加會議的衣服。但翻遍衣櫃也找不到合適的，因為衣服大都不能穿了：原來二尺九吋的腰圍，現在已不到二尺三吋！

牛玉儒嘆了口氣：「那就多穿幾件內衣吧！別讓同事們為我擔心。」他興致很高地一件一件在鏡子前試穿，還要妻子和女兒從背後幫他看看肩膀撐不撐得起來，顯不顯瘦。

眼淚模糊了妻子的視線。丈夫裡三層外三層穿了多少件衣服，她實在沒有勇氣去數。七月正值酷夏，這對一個剛剛做完化療的病人來說，多麼殘忍……。

牛玉儒卻渾然不覺。考慮到他的身體，市府把他的講稿壓縮在四十分鐘以內。然而，牛玉儒在會上激情澎湃，拋開講稿，講體會、談思路、說構想。十分鐘，又十分鐘，分針、時針轉了一圈又一圈……，他整整講了二小時十分鐘！

整整一上午，台上台下熱血沸騰，心潮激盪，雷鳴般的掌聲此起彼伏。人們一邊為他鼓掌，一邊眼中噙著淚花……誰能想到，牛玉儒這令人蕩氣迴腸的談話，竟成為他與市民

們的訣別，人生的絕唱！

八月，牛玉儒已全身浮腫，二尺三吋的腰圍又變成了二尺九吋！自己已經坐不起來了，臀部甚至生了褥瘡，但聽說自治區在八月十日要開黨委學習會，他讓人扶坐病榻，和身邊工作人員一起準備發言稿，一遍一遍地認真修改，準備再回呼市。

別人勸他，有個書面發言就行了，他不同意：「我要說的話很多，我要當面向主管匯報！」醫生阻止，他居然要求工作人員一定要請醫生吃頓飯，讓醫生知道這次回去的重要性。

他們真的請醫生吃飯了。他們瞭解牛玉儒：他知道，這是他最後一次回呼市的機會，他要在生命的最後，向主管、向所有市民，做一個全面的交待……。

直到八月六日，他還與來看他的同事說起城市的建設，說起當天要在新華廣場召開的昭君文化節和草原文化節。他還擔心新華廣場的改造，沒有他預想的效果好……。

那天，他的聲音已極其微弱，時而清醒，時而昏迷。他生命中最後說出一句比較清晰的話是：「不知道老百姓……對這個廣場滿不滿意……。」

三天後，醫院下達了病危通知書。牛玉儒陷入深度昏迷，說不出話來。十日下午，牛玉儒忽然從昏睡中醒來。他發現妻子兩眼紅腫地坐在他床邊。他蠕動著雙唇，兩眼看著妻子，眼神是從未有過的溫和……從這之後，牛玉儒便緊閉

雙眼。

　　妻子實在不甘心丈夫一句話不說就離開自己，她跪在丈夫床邊，一遍又一遍地呼喊他的名字，他卻渾然不知。十二日早上，妻子腦中忽然閃過一個念頭。她偎在丈夫耳邊輕輕地喊：「玉儒，玉儒，八點半了，要開會了。」

　　牛玉儒竟真的動了。他最後一次努力地睜開了雙眼，凝視良久……。

　　二〇〇四年八月十四日凌晨四點三十分，年僅五十一歲的牛玉儒永遠離開了他曾日夜牽掛的事業和心之所念、情之所繫的市民，人們悲痛著他的離去，懷念著他在這座城市充滿激情的五百個日日夜夜。

46、在高山保護區執勤

　　方圓四萬五千平方公里的這片無人區，平均海拔在五千公尺以上，那裡氣候惡劣，大風、寒冷、低氧，晝夜溫差大，人類難以長期生存，但卻是野生動物的天堂。

　　二○○四年六月，在海拔四千七百公尺的這條公路上，安裝了世界上海拔最高的一組紅綠燈，而這一組紅綠燈也是世界上第一組為保護動物而設的交通紅綠燈。一位交通警察作為在那進行了二十天的臨時交通值勤，該項行動是為了保護正在進行夏季遷徙的藏羚羊。

　　這位交通警察名叫鄒卓鋼。六月十五日，鄒卓鋼和來自各地的七個志工出發了。大家志同道合，沒有任何報酬，所有路費以及路上產生的各種費用均自理，連睡袋和個人用品都需要自帶。

　　經過四天四夜，二千二百多公里的路程，志工們終於到達了海拔二千八百多公尺的山區。經過短暫的適應和培訓後，志工們很快便到了海拔四千五百公尺的保護站。

　　方圓四萬五千平方公里的這片無人區，平均海拔在五千公尺以上，那裡氣候惡劣，大風、寒冷、低氧，晝夜溫差大，人類難以長期生存，但卻是野生動物的天堂。

　　這片保護區擁有二百三十多種野生動物，其中羚羊是最具代表性的保護動物。但是近十多年來，國際黑市上羚羊的絨毛價格陡然上漲，高額的利潤，驅使很多盜獵分子鋌而走險，蜂擁而至，為羚羊帶來了毀滅性的災難。

　　志工們工作的重點區域是羚羊遷徙的主要通道。對於人類來說，跨越一條公路和鐵路並不算什麼，但對羚羊來說卻像是一道道天險。牠們面對陌生的鐵路橋洞和公路時膽顫心驚，踏慣了鬆軟土質的蹄很不適應堅硬的公路，如果再加上有汽車經過，更會嚇破其小膽。

　　這批志工有八個人，每天分工二人輪值保護站，六人外出工作。守站的志工負責向路過參觀的遊客宣導自然生態環境保護工作的知識和意義，並且為同伴煮飯。外出的志工則分成四個小組，拿著望遠鏡、無線對講機、本子和筆觀察記錄羚羊的動向、規律，一旦有羚羊要透過鐵路橋洞或公路就馬上匯報，準備疏導交通。

　　由於鄒卓鋼是志工中唯一的交通警察，在公路上指揮交通更具優勢和說服力，因此他每天都要外出工作。同時，由於他的駕駛技術和外語能力，他還得負責每天駕車一百公里往返保護站與執勤點之間載人和裝備，在值勤時還得向外國遊客宣導。

　　每天，志工們工作達十二小時以上。六點鐘起床，六點半吃早餐，七點鐘出發到五十公里以外的執勤點。之所以這麼早，是因為羚羊在早晨八點就開始活動了。志工們收工通常都是晚上八、九點。大家的飲食簡單得不能再簡單了，早餐是沒鹽沒味的白饅頭以及第一天剩飯熬的粥。中午是清水和白饅頭，晚上勉強

能吃一點米飯和風乾的肉。沒有青菜，有馬鈴薯吃就算是幸運的了。

鄒卓鋼平生最不愛吃的就是沒有味道的饅頭，這一次，卻一口氣吃了近二十天，他說「難吃得都掉眼淚了」，回家後居然瘦了十一公斤。

在日常生活方面，志工們也將自己的要求降到了最低點，就拿他們的用水量來說，每人每天吃、用最多不會超過四公升水，二十天下來用的水不如一個大城市一人一天的用水量。洗澡是肯定不可能的，漱口洗臉也就那麼一丁點冰水，晚上就用兩小杯的熱水泡一下腳。

高原的氣候讓每個人耳朵、鼻子、腳趾長凍瘡，嘴巴腫，掉皮。嚴重缺氧讓很多人頭痛欲裂，暈天黑地。有一個小夥子在第三天就倒下了，另外一個女志工也在第五天執勤時突然暈倒。

鄒卓鋼是志工中高山症最輕的一個，第一天晚上頭有些痛，輾轉難眠，第二天就得到緩解了。可是第二天值勤時他被凍著了，晚上吃藥蒙頭大睡才把感冒逼了回去。

志工們工作結束的時候，保護區管理局一位主管的話對這段經歷做了很好的詮釋，他說：「能夠在這裡生活就已經是很好的工作了。」

每天他們工作時，一旦有羚羊要過公路，他們就亮起紅燈，鄒卓鋼則指揮車輛停下，後面的隊員就上前去向司機們解釋停車的原因，宣導保護羚羊、保護野生動物的意義，發

宣導手冊。幾乎每一個司機都能理解配合他們的工作，尤其是一些軍車大隊伍都能夠非常有紀律地停下來等待，讓志工非常感動。

有一天，一輛載有四十多個德國遊客的旅行車經過，德國遊客發現這群志工在做這樣的自然保護工作時非常吃驚。

鄒卓鋼說，在整個志願工作的二十天裡，他一直都處於「感動」之中。因為高山症發高燒而倒下的那個男志工被連夜送到醫院治療，恢復後又馬上回來工作。

一個女志工因勞累過度，宣導時說話多，耗氧大，突然眼前一黑，暈倒了。她的暈倒牽動了大家的心，近處的志工們七手八腳去幫忙，遠處的志工們急切用對講機詢問，包括路過車輛的司機乘客都非常關心，上來幫忙。這一幕讓鄒卓鋼感動不已。

還有令人感動的是，很多到保護站參觀的過路遊客，瞭解了志工們的工作和生活後，都主動留下了很多隨身帶著的物品，有藥，有食品，有水果，有衣服⋯⋯。

志工們都說，在這裡雖然很苦很苦，但是只要人們能夠理解和支持，大家都覺得很值得。

第六章
堅強

　　「你是不是像我在太陽下低頭，流著汗水默默辛苦的工作？你是不是像我就算受了冷漠，也不放棄自己想要的生活？你是不是像我整天忙著追求，追求一種意想不到的溫柔？你是不是曾經茫然失措，一次一次徘徊在十字街頭？」張雨生的這首《我的未來不是夢》告訴我們：我們應該學會堅強。

47、三個小女孩

　　這三個小女孩給了常玉很大的震撼，原來這三個孩子身上只帶著一把很小的、自製的小木鏟和幾顆饅頭，路上如果餓了、累了，就停下來啃幾口硬饅頭，小木鏟是用來開路的，用它來挖雪……。

　　常玉很喜歡越野。常玉所負責的公司地處高科技企業發展最集中的地區，在越野者汽車俱樂部創建初期，公司給予了很大的支持，並且為越野者汽車俱樂部創設了網站，提供服務。

　　常玉參加了那次越野活動，常玉說，那次活動中，他和當地三個小女孩的故事使他至今難忘，如果有機會他一定會再去看看那三個孩子。

　　冬天多雪時，尤其在深山裡，大雪封山是常見的，那次活動途中，常玉和三個小女孩正好遇上了，當時常玉向她們問路，這三個孩子告訴他，前面已經大雪封山了，到目的地還要好長一段時間。

　　在這白雪皚皚、杳無人煙的地方發現這三個小女孩，令常玉十分震驚。常玉問她們三個，妳們三個去哪裡啊？她們中最大的那個告訴他，她們要去上學，已經三天三夜沒闔眼

走了九十公里，沒想到突然大雪封山了。

　　據常玉推算，這三個孩子憑體力和這樣的速度走到學校，起碼還要三天，當時她心裡唯一的念頭就是要載著這三個孩子上路。

　　這三個孩子上了車之後，由於車裡比較暖和，其中最小的那個很快就睡著了，接著另一個小一些的也睡著了，最大的那個孩子出於禮貌沒有睡，路上她一直和常玉聊天……。

　　這三個小女孩給了常玉很大的震撼，原來這三個孩子身上只帶著一把很小的、自製的小木鏟和幾顆饅頭，路上如果餓了、累了，就停下來啃幾口硬饅頭，小木鏟是用來開路的，用它來挖雪……而她們所做的這一切，就是為了到一百多公里以外的地方去上學！

　　常玉的心裡酸酸的，大山裡的孩子真不容易啊！她們那種求知的精神和頑強的生命力讓她感動萬分。至今，常玉每個月都寄給這三個小女孩三千元作為她們的生活費。

48、堅韌不拔的抗爭

「我敬佩登山運動員，不僅是他們的一片赤誠，更敬佩他們實際的行動……超越自我極限，創造生命的奇蹟，這不是尋常的經歷，而是人生最大的樂趣。」

女孩名叫顧蘇蘇，一九九二年出生，今年十二歲，是實驗小學五年級的學生。二○○○年的一個秋日，蘇蘇在家中突然鼻血不止，到後來甚至大口地往外噴血。家人趕緊把她送到兒科醫院，經醫生診斷，已是腎功能衰竭晚期，二顆腎已經完全萎縮。

生命不能等待。面對危情，唯一能採取的辦法就只有洗腎了，這是一種用「清洗液」來清洗體內「毒素」的治療方法，而這些「毒素」本來是由腎臟「負責」排泄的。一天一次的洗腎，把家裡的積蓄迅速變成了藥物。為了幫孩子治病，母親辭去了工作，賣掉了房子，每天高昂的醫療費用讓這個本不富裕的家庭陷入了困境。

心力交瘁的生活，難以承受的重壓，蘇梅紅夫婦和其他許多腎病孩童的家長一樣，對女兒的治療充滿了憂慮。在苦澀的境遇面前，蘇蘇對生命渴望的眼神一次次刺痛著父母的心，也堅定著他們與病魔抗爭的勇氣。

「童子不言語，滄桑早自知。」蘇蘇感恩於父母為自己傾注了所有，她唯一能做的就是積極地配合治療，讓媽媽看見自己的微笑，讓爸爸的臉上不要布滿憂愁。四年來的洗腎生活，蘇蘇早已習以為常，任媽媽把管子插在自己的身上，任藥水在自己的體內流過。單調的日子實在膩煩了，就拖著管子下床走一走。蘇蘇說自己是長在管子上的孩子。

這個長在管子上的孩子不甘心從此就與病榻相伴。四年多來，蘇蘇一邊與病魔搏鬥，一邊認真地學習。她總是細心地留意著醫生的檢查紀錄，每當身體指標略有好轉，她就會央求醫生和媽媽讓她出院上學。父母看在眼裡，疼在心裡，但他們拗不過小蘇蘇的執著，於是，從二年級到五年級，蘇蘇三地奔走，把家庭當作了課堂，把醫院當作了課堂。住院的日子裡，她的病床邊總是擺著教材，放著聽英語錄音帶的錄音機，醫生和護士有時也成了她解難答疑的老師。

對知識的強烈渴望，是一個人熱愛生命的一種形式。蘇蘇每天以十多個小時的洗腎維持著生命。即使這樣，為了能上半天學，蘇蘇依然會纏著媽媽上午送她上學，下午就能一邊睡覺一邊洗腎。洗腎經常會持續到深夜，媽媽要她好好休息，她卻執意要把作業做完，因為這樣她才能安心地睡覺。

蘇蘇小小的身影到了哪裡，哪裡就是她的學校。四年來，蘇蘇就這樣斷斷續續地走著一條與眾不同的求學之路。人說天道酬勤，雖然蘇蘇的大部分時間都在醫院和家中度過，但她的成績卻一直保持優秀。

因為長期用藥，自四年級下半學期以來，她的身體已出

現了明顯的蛻變。她的聽力嚴重下降，並伴有高血壓症狀。二〇〇四年五月，蘇蘇全身水腫，她不得不又一次住進了醫院。

從五月上旬到十一月中旬，蘇蘇在學校的課桌一直空著，但老師和同學們都難以相信，三個多月沒來上學的顧蘇蘇竟然來參加期中考試了。更令他們感到吃驚的是，蘇蘇每門功課的成績均達到了八十五分。「我一定要好好唸書，這樣我才能抵抗病魔，感到快樂。」

顧蘇蘇曾寫下了這樣一段富有哲理的話：「我敬佩登山運動員。不僅是他們的一片赤誠，更敬佩他們實際的行動……超越自我極限，創造生命的奇蹟，這不是尋常的經歷，而是人生最大的樂趣。」

選擇堅強，苦難生命也會有別樣的芬芳。在醫院裡，顧蘇蘇不僅自己樂觀地面對病情，還把快樂帶給其他病友，醫生都稱她為兒科病房的「模範小病人」。

小英是一位腎病患兒，為了治療，她的家人四處求醫問藥，卻不見好轉。小英為此心事重重，憂鬱沉寂。蘇蘇知道後，就經常到她的病房找她聊天，把學校裡發生的故事說給她聽……。

看到小女孩如此通情達理，醫院的醫生感慨不已。是啊，腎功能衰竭的孩童，藥物治療只是權宜之計，擁有一顆健康的心靈才是抵抗惡疾最好的藥物。懂得在不幸中自救又懂得在危情中給予，少年的剛毅和柔美怎不令人落淚？

　　成年人難以理解，一個小小少年的心裡怎麼能有如此的力量承載這樣的苦痛？是啊，她有一個病弱的身體，但蒼天同時又賦予她一顆善感的心靈。在她住院期間，她的床頭總是放著同學們寫來的卡片，放著記者孟阿姨送來的《哈利波特》。她把老師和同學們真誠的祝福視為療疾的良藥，她把社會對她的關愛轉化成了自己向疾病挑戰的力量。

　　二○○四年十一月，就在蘇蘇再次走進醫院後，學校提議要學生們向顧蘇蘇看齊。學校說，我們要學習顧蘇蘇不畏困境、鬥志昂揚的精神，激勵著我們去克服成長過程中一個又一個困難，而有些困難往往就來自於我們自身，能克服自身弱點的人，才是最堅強的。

　　「歷經苦難不失志，守得雲開見月明。」二○○四年十一月，蘇蘇等待已久的腎臟終於有了著落，她喜不自禁，在藥費清單上寫下了這樣一段話：

　　要換腎了，我很興奮，也有一點緊張，但沒有害怕。一想到能擺脫洗腎管這個小尾巴，上一整天的課，我就很興奮。因為下午有我喜歡的電腦和美術課。像平常人一樣生活是我幾年來一直的願望。四年求醫問藥的坎坷路途，一千多個日夜的堅持與等待，終於在跨進另一個新年的時候，可以和它們告別了！

　　二○○五年一月十日，蘇蘇委託父親轉交給學校一封信。原來這是蘇蘇在得知學校正為印度洋海嘯捐款活動後，特地寫給災區兒童的。信中這樣寫道：

　　親愛的東南亞受災的小朋友：

你們好！在二○○四年十二月二十六日這個不幸的日子裡，你們飽受了失去親人、失去家園的苦難，我的心裡充滿了深深的同情。我是一名小學生，在上個月的這一天，我也經歷了人生的一個重大轉折。我在大家的關心下做了換腎手術，現在我恢復得很好。相信你們在全世界朋友的幫助下，一定會很快地重建家園。讓我們共同努力，早日回到學校，做一個快樂的小學生。

　　你們住在地球上的朋友

　　蘇蘇信封中除了這樣一封信，還附有兩百元，那是蘇蘇給災區少年的捐款……。

49、藍天下的稚嫩雙肩

父親的病讓黃來女很著急，學習逐漸吃力更讓她坐立不安。但苦難也是一種財富，困境中的黃來女用她的樂觀與堅強，默默承受著巨大的精神壓力。

黃來女，電腦學院學生，就是這位堅強的少女，用稚嫩的雙臂，為病重的父親、為自己的心靈撐起了一片藍天。

每每想起父親的三次發病，黃來女至今心有餘悸。但在她那總也掩飾不了疲倦的臉上仍流露出無盡的堅強，她發誓說：「父親是我在這個世界上唯一的親人，我一定要治好父親的病。」

為了省下往返路費，她連續二年沒有回家過年。聽說父親要把家裡的房子賣掉，準備在城市買房子，她興高采烈地準備迎接父親。然而等待她的不是想像中的父女歡聚。命運給了她嚴酷的挑戰——父親剛下火車就突發腦溢血，不久之後又二次復發。

父親日益加重的病情，是她精神上無法承受之重——再次住院後，父親開始神志不清，生活完全無法自理；而昂貴的住院治療費用，更讓物質上本就貧乏的她一籌莫展——三次住院花去的幾十萬元，對於她來說無疑是個天文數字。

剛剛還是在父親面前撒嬌的乖乖女，彷彿轉瞬間就為變成弱者的父親而長大。黃來女以柔弱的雙肩，勇敢地擔起常人沒有經受過的困難。

在學校與醫院之間奔波，不足四個小時的睡眠還常常睡得很不安穩——在公車上都睡著過好多次了；父女倆的伙食費控制在二百塊錢以內；給父親做至少三次體療按摩，每次半小時；作為生活來源的二份家教還得撐著做下去；功課也不能不管……每天，黃來女的二十四小時一分一秒都沒有浪費。

這期間她學會了很多。她學會了變著花樣幫父親做飯菜；學會了在濃重的消毒水味中看書學習；學會了每天記帳——不僅有父女倆的日常開銷，還有一筆筆欠款和無數「愛心」……。

父親的病讓黃來女很著急，課業逐漸加重更讓她坐立不安。但苦難也是一種財富，困境中的黃來女用她的樂觀與堅強，默默承受著巨大的精神壓力。從父親生病以來，為了不讓父親擔心，為了不給他人增加壓力，她從沒有痛快地哭過一次。

對於父親，她是一個好女兒，克盡孝道和責任；在學校，她是一名優秀學生，無論在怎樣艱難的情況下，她都沒有放棄學習。

黃來女的頑強堅韌、自強不息，感動無數人。

班上三十三位同學自發為她捐款二萬多元；輔導老師李

勤除了在助學貸款等方面盡可能幫助她之外，還經常去醫院照顧她父親，開導她。學校給黃來女一定額度的獎學金，幫助她完成學業；她的故事在報紙上刊登後，社會上的好心人紛紛打來電話，送來錢物……。

愛心融匯成股股暖流，精神上的支持與幫助更給了黃來女巨大的力量。同學們輪流去醫院幫她照顧父親，還將祝福、鼓勵的話寫在本子上送給她。

「即使那麼多的不幸降臨，相信妳會堅強。」字字句句，令她感動。她也一直記著李勤老師給她精神上的安慰與鼓勵，「一切都會好起來的，總會有見到光明的一天。」

她微笑著面對困難，微笑著面對那些她愛和愛她的人。她想告訴所有人：「有人幫助是一種幸運，無論怎樣，自己一定要堅強地去面對，要珍惜眼前的幸福。」

黃來女總在說，她很「滿足」。能和父親一起過年——哪怕是那樣淒冷的年——她很滿足；父親從病得不認識女兒到能說她煮的菜好吃——她很滿足；父親出院後病情能好轉，儘管很可能喪失工作能力——她也滿足。「只要父親好，我就很滿足了。其實我很想擁有一台自己的電腦，也很想考研究所，但這可能是我實現不了的願望。但有一點我一定會做到，那就是不管將來走到哪裡，我都會將父親帶在身邊，看護他，照顧他。」

「她面對困難不放棄的精神和樂觀積極的生活態度，真的讓我們感動。」黃來女的同學在幫助她的同時，也從她身上學到了許多，那正是身處一帆風順環境中的驕子們所缺少而

又必需的品行。

「她的自信與樂觀，她在磨難中鍛鍊出的種種能力，一定能助她走上成功之路。」黃來女的老師說起她的感人故事，在唏噓感嘆的同時，掩飾不住讚美之情，他們為這樣的學生感到驕傲。

50、堅強的母愛

　　一位母親，用手撐地，背上頂著不知有多重的石塊，一看到救難人員便拚命哭喊著：「快點救我的女兒，我已經撐了二天，我快撐不下去了……」。

　　一九九九年土耳其發生大地震，地震後，許多房子都倒塌了，各國來的救難人員不斷搜尋著可能的生還者。

　　二天後，他們在縫隙中看到一幕不可置信的畫面——一位母親，用手撐地，背上頂著不知有多重的石塊，一看到救難人員便拚命哭喊著：「快點救我的女兒，我已經撐了二天，我快撐不下去了……」。

　　她七歲的小女兒，就躺在她用手撐起的安全空間裡。

　　救難人員大驚，賣力地搬移在上面、周圍的石塊，希望盡快解救這對母女，但是石塊那麼多、那麼重，怎麼也無法快速到達她們身邊。

　　媒體到這兒拍下畫面，救難人員一邊哭、一邊挖，辛苦的母親一面苦撐等待著……。

　　透過電視、報紙，土耳其人都心酸地掉下淚來。更多的人，放下手邊的工作投入救援行動。救援行動從白天進行到

深夜，終於，一名高大的救難人員抓住了小女兒，將她拉出來，但是……她已氣絕多時。

母親急切地問：「我的女兒還活著嗎？」以為女兒還活著，是她苦撐二天的唯一理由和希望。

這名救難人員終於受不了，放聲大哭：「對，她還活著，我們現在要把她送到醫院急救，然後也要把妳送過去！」

他知道，如果母親聽到女兒已死去，必定失去求生意志，鬆手讓土石壓死自己，所以騙了她。

母親疲累地笑了，隨後，她也被救出送到醫院，她的雙手一度僵直無法彎曲。

第二天，土耳其報紙頭條是一幅她用手撐地的照片，標題為「這就是母愛」。

51、為生命將奇蹟上演

就這樣，累了，趴在地上睡一覺；餓了，吃二顆馬鈴薯；渴了，掏出口袋裡的蓋子接水喝……每次醒過來，她唯一的念頭就是，一定要爬出天坑。

二○○四年十月十四日，晚報以「墜入四十公尺天坑少女七天六夜奇蹟生還」為題，報導了這樣一則新聞。

某個村莊，十四歲少女李中俊墜入該村一個天坑中。就在父母鄰居四處尋找後的第七天，李中俊竟然獨自拄著拐杖，走到天坑附近同學的家。那時她已多處受傷全身浮腫，且失血過多，而攀爬天坑時磨破的雙手，已沒有力氣再擁抱因擔憂過度而奄奄一息的母親。

李中俊蓬亂的頭髮下面色蒼白，額頭還有一條二吋多長滲血的傷口，已經感染的傷口還滲著膿液，血水與泥土混合，沾滿了李中俊全身……。

據李中俊說，二○○四年九月二十六日下午，她去十公里路外的學校，快走完產業道路時，腳一踩空，整個身子不停地往下落，坑裡的樹根、蔓藤不停地摩擦著她，隨後就什麼也不知道了……。

不知過了多久，李中俊醒來，只感覺頭一陣眩暈，頭

上、背上、手臂上都很痛，雙腿麻木得一點力氣也沒有。周圍一片漆黑，雨水早已把衣服淋透，她害怕起來，叫了幾聲「爺爺」，但除了回音之外什麼反應也沒有……她又昏了過去。

當雨水再次把李中俊淋醒後，李中俊已整整昏迷了四天，她這才認真地查看了周圍的地形：坑底略呈圓形，直徑約六、七公尺，自己正是從天坑坡度較緩的一處摔下來的。藉著坑底昏暗的光線，她發現自己躺在一片濕潤的泥土裡，而對面就是一塊巨大的岩石。她嘗試著從近六十度的緩坡處向上爬，誰知剛爬了三、四公尺，就被重重地摔了下來，她再次暈厥過去。

當她第三次甦醒過來時，她感覺又累又餓，突然想起書包裡還有一個小月餅和十多顆馬鈴薯，她省著吃了一半月餅，繼續向上爬。

就這樣，累了，趴在地上睡一覺；餓了，吃二顆馬鈴薯；渴了，掏出口袋裡的蓋子接水喝……每次醒過來，她唯一的念頭就是，一定要爬出天坑。

十月二日早晨，她終於爬到了天坑口，雙手指尖已血淋淋地不知道疼痛，牛仔褲緊緊地箍著腫脹的雙腿。她呼救了幾聲，但連自己都聽不見。

李中俊想起同學田燕家就在天坑附近，便一路爬去。平時只須四、五分鐘的路程，她竟爬到中午十二點左右才到。支撐不住癱軟在同學家院子的她，終於獲救了……。

　　經過多日的住院治療，李中俊終於出院了，但醫生每天仍要到家中為她吊點滴——七天六夜的飢渴和勞累，已經使她非常虛脫，需要很長一段時間的藥物治療。

　　而且，極度虛弱的李中俊還不能正常進食，每天必須在床上睡十四個小時以上。直到二個星期後，在父親李仁平的攙扶下，她才能拄著拐杖來到院子裡⋯⋯。

52、生命的尊嚴

　　人生也許只是一次苦旅，並沒有我們想像得那麼完美。但是，生活的美好就是在不完美中發現和擁有它的美麗。尤其在面對不幸的時候，樂觀與堅強就是我們的尊嚴。

　　人生也許只是一次苦旅，並沒有我們想像得那麼完美。但是，生活的美好就是在不完美中發現和擁有它的美麗。尤其在面對不幸的時候，樂觀與堅強就是我們的尊嚴。

　　陳雄輝是血友病患者，這是一種先天遺傳的凝血機制障礙的疾病。從小就和周圍的同伴不一樣：不能和他們一起踢球，不能和他們一起遊戲，甚至他從來不參加班上的活動。每個學期開學的時候，老師都要對同學說同樣的一句話：你們不要碰他，他有病。陳雄輝覺得無地自容，尤其是當他漸漸長大的時候。

　　國中聯考他以全校第一的成績進入明星高中，三年學業名列前茅，正當他以充足的信心準備迎戰大學聯考時，一件事打亂了他的整個人生。

　　一次嚴重的胃出血讓他住進了醫院，輸了三千多 CC 的鮮血。術後因為高燒不退，醫院無法確診，他一直住院治療，最後在一家醫院被確診為瘧疾。陳雄輝母親找到那家醫

院，質問冬天怎麼會感染瘧疾，醫院自知理虧，承擔了治療的費用，事情似乎就此了結。

一九九五年陳雄輝重讀高三，一九九六年他進入一所大學。這一年，大學義務捐血，要進行血液常規檢查。在檢查中，發現他的血液裡有 C 型肝炎病毒和愛滋病病毒。

寒假回家的時候從家人口中知道了這個事實，他一下子愣住了，然後就感到非常的冷，渾身哆嗦，眼前一片模糊，他忍不住放聲大哭：「為什麼上天對我如此不公，如此苛刻？」陳雄輝所有的努力都毀於一旦！所有的夢想都還沒來得及實現，對事業、對愛情的憧憬才剛剛開始，而他就要面臨死亡！

他每天都在這樣極度絕望和恐懼中，混混沌沌地過了二個月，自己對未來根本無法預料，也不清楚還能活多久，眼前的一切都看不出對他有任何意義，於是他退學了。接著，身體出現了發燒、腹瀉、失眠等症狀，他也更加灰心。

之後，母親帶他求醫，在醫院的半年時間裡，他開始看到了希望，身體和精神狀態都得到了恢復和調整，並透過閱讀醫生提供的書籍和資料，對愛滋病的瞭解逐漸加深。於是他開始寫一些文章，想把他所瞭解的事情告訴更多的人。

後來，他開始接受媒體採訪，希望用自己的經歷讓更多人瞭解愛滋病。他至今已接受雜誌、報紙及電視台等幾十家媒體採訪，還在聯合國人口基金、開發計劃署、聯合國兒童基金會、聯合國教科文組織等多個單位演講，並參加聯合國兒童基金會舉辦的針對各地相關工作人員的培訓工作。

在傳播愛滋病知識的同時，他自己也增加了對抗疾病的信心和勇氣，並覺得有必要更廣泛地傳播愛滋病知識。

目前，他已正式成為性病愛滋病防治基金會的網站編輯之一，與聯合國兒童基金會合作，參與編寫相關書籍。

愛滋病人群需要一個代言人，作為病人的榜樣，給予他們力量，與社會進行溝通，更好地傳播防治愛滋病知識。陳雄輝不知道他的身體還允許自己做多久，但只要不倒下，他就會更努力地參與愛滋病預防工作。

53、最後的論文答辯

　　在何國英短短的遺書中，有這樣一句話：「使命已經結束，我可以離開了，希望大家不要為我難過。」在她的遺書裡還有如下內容：財產三萬元，一部分給父母，一部分捐給失學兒童；內臟器官如果能用，就捐獻給醫院……。

　　一九九七年，來自貧困山村的何國英考上了大學。讀大二時，她被診斷出直腸癌，但她從未放棄。二○○二年，大學畢業一年的何國英以優異成績考上動物科技學院研究所，主攻動物營養與飼料科學。

　　然而，厄運之箭再次射向這個姑娘。當年十一月底，她肺部出現癌轉移。短短二年多，四次化療、一次大手術，每次化療療程二至三個月。疼痛、嘔吐、頭髮脫落，身體極度虛弱，一個幾年間經歷了二次大手術、數十次化療的癌症病人，一個身高一百六十公分、體重不到三十五公斤的女孩——何國英承受著難以想像的折磨。

　　然而，何國英對指導老師說：「我是一個學生，學業上不需要特殊對待。」身體稍有好轉，她就捧起課本補習功課，戴上耳機聽英語，住院期間還參加了英語檢定。

　　二○○四年七月，何國英開始了她的碩士論文研究。而

此時，她正受著癌細胞的襲擊，整夜睡不著，只能坐著。

「癌痛像刀割一樣，不是一下，而是持續性的。在這種持續不斷的疼痛中，一般人是熬不下去的。」何國英的主治醫生、化療科主任胡曉樺說。

然而文靜、瘦弱的何國英卻語出驚人：「我是一個頂天立地的巨人！」就是在這種刀割般的疼痛折磨中，何國英開始了異常艱辛的科學研究。

「學姊很文靜，話不多，很少跟我們說話，但我們可以感受到她的苦痛。」實驗後期，劉丹幾乎每天都陪在何國英身邊，「實驗室在五樓，她要爬大半個小時，走一步休息一會。常常在實驗室泡到半夜，要是她疼得受不了，睡不著，就來做實驗。」

二〇〇五年三、四月份，實驗進入關鍵時期。何國英劇烈地疼痛，呼吸困難，咳血。她把氧氣瓶搬到實驗室，一邊做實驗，一邊吸氧。

有人驚訝這瘦小的身軀何以蘊藏這麼巨大的能量，何國英的弟弟說：「姐姐最大的心願是用她的研究造福農村，讓農民受益。」

在生命的最後階段，她懇求過醫生：「你一定要幫我撐住，論文口試完，我才可以安心離去。」

二〇〇五年五月底，病情惡化的何國英不得不再次住進醫院。而六月十日對她是個重要的日子，碩士研究生畢業論文口試在這天舉行。

　　考慮到實際情況，學校表示她可以不口試，也可以把口試會場搬到病房。然而，對何國英來說，在嚴肅的氛圍中按照標準的程序口試，有老師和同學在場，才是完整的。她含淚要求醫生和老師滿足她的願望。

　　十日，何國英早早起床，仔細梳了頭，還別上了自己心愛而許久沒佩戴的髮夾。幾個學妹學弟和老師專程到醫院接她，醫院派出三名醫護人員，帶著急救藥品和氧氣，用救護車把她送到學校。

　　二〇〇五年六月十日，一場特殊的碩士論文口試在學校裡進行：會場是特別設置的，由三樓改為一樓，口試桌高度也特意調低。會場外，一輛救護車正在默默守候。

　　上午十點，一個坐在輪椅上的女孩被人推進來。她開始宣讀自己的論文，除了她細弱的聲音，會場上一片寂靜。

　　讀了十幾分鐘，女孩猛地咳嗽起來，呼吸困難，現場醫護人員緊急輸氧。但她咳得實在太厲害，只好由學弟廖志超代讀，她在一旁補充。傷感向每一個人襲來，有的人背過身去，偷偷拭淚。

　　一個多小時，對這個面對死亡的女孩來說是如此漫長。口試結束了，口試委員一致認為論文設計合理，有很高的學術價值和應用價值，總評分優秀。

　　掌聲持久、熱烈。女孩蒼白的臉上露出了笑容。一個月又四天後，她安靜地離開人世，微笑著以「優秀」完美謝幕。

　　在何國英短短的遺書中，有這樣一句話：「使命已經結

束，我可以離開了，希望大家不要為我難過。」

在她的遺書裡還有如下內容：財產三萬元，一部分給父母，一部分捐給失學兒童；內臟器官如果能用，就捐獻給醫院⋯⋯。

54、有些人生來就是英雄

後來媽媽告訴他，當她看到他孤身一人對抗那個王朝的時候，她為他感到自豪，她的兒子用自己瘦小的身影傲立在浪尖之上，向整個世界宣布：「我，是一個英雄。」

他出生的時候，他的世界一片黑暗，低矮的屋簷，昏暗的房間，他的皮膚，以及周圍人們眼裡的那種冷漠而瘋狂的目光。

他長得並不高大，所以在他最應該快樂的童年時光裡，他就懂得了人性的自私與猥褻，在那樣一個惡劣的環境裡，他似乎只有選擇墮落，然後消亡在對這世界的憎惡之中。

然而一個人改變了這一切，一個普通的黑人婦女，他的媽媽──他相信這是上帝發現對他的不公之後給他的補償。

他喜歡籃球，但他的身高使他只能在球場邊靜靜地看著高個子們的表演。在他沮喪之極的時候，媽媽來到他的身邊，用一種不容反抗的口吻對他說，你是個男子漢，不比任何人差，我希望我的兒子是最出色的，去做給我看。

從那時開始，他便有了一種桀驁的眼神，藐視一切，在他心中只有一句話──有些人生來就是英雄。

媽媽默默地支持著他，為了幫他買一雙球鞋，她甚至願意不用電燈，每天晚上在黑暗中，看著他在院子裡運球。

　　幾年之後他擁有了一副強壯的身體，還有無與倫比的速度，以及令所有對手膽寒的那一種眼神，在大學裡他打敗了所有對手，他們對他束手無策，他像一陣風一樣穿梭在人群當中。

　　然後他來到了 NBA，一個充滿了金錢與夢想的地方。他不知道他會有一個怎樣的前途，他不在乎。

　　在這裡有很多英雄，他們都像他一樣，身懷絕技，但大部分人都只是配角而已。因為他們缺少對勝利的渴望，只是為了金錢和名譽。除了一個人，唯一一個可以讓他心服口服的人，他叫喬丹。可惜，他老了。

　　之後，他有了幾個不錯的隊友，他們看得出他眼裡對勝利的渴望，他們竭盡全力幫他實現夢想。因為他已經被人稱為空中飛人的接班人，他必須用總冠軍的戒指來證明自己的價值。但他知道，他只是他，不是神，也不會成為喬丹。

　　他打敗了東部所有頂尖的後衛，用他的速度，和隱藏在眼神之後執著的信念。在一場大戰之後，一個叫做雷艾倫的傢伙敗在了他的腳下，這個傢伙很強，在技術上無可挑剔，但他敗給了他的信念，他沒有一股王者之氣。

　　然後，他們就來到了洛杉磯。

　　在這片黃色的浪潮之中，席捲著一股令人壓抑的氣息，那是屬於征服者的。對方有一位少年英雄，他的空中漫步可

以和喬丹相媲美，但他並不懼怕他。令他窒息的那種氣息，是來自躲藏在浪潮之後的那隻鯊魚，喬丹之後最具統治力的傢伙。

比賽開始之前，他身上有十多處傷痕，所有的人都認為他們會輸，並且不堪一擊。

他想，他會給出一個令他們驚訝的答案。

後來媽媽告訴他，當她看到他孤身一人對抗那個王朝的時候，她為他感到自豪，她的兒子用自己瘦小的身影傲立在浪尖之上，向整個世界宣布：「我，是一個英雄。」

這場比賽之後他精疲力竭，然後他們丟掉了總冠軍的戒指，他沒有成為神。

但在這一場血雨腥風的廝殺之中，他的刀光四處閃耀，一次次瓦解對手強大的防守。血戰之後，萬籟俱寂，收刀四顧，舉世皆稱英雄。

這場戰鬥已過去多年，當年的情景在他腦海中也漸漸淡去，他們也似乎離總冠軍越來越遠。但他的眼神依舊未變，永遠充滿了了對勝利的渴望。或許他拿不了總冠軍，或許他永遠也無法成為喬丹那樣的王者。但他不在乎，他只知道，他的媽媽，再也不用在黑暗裡度過黑夜。

而當年的那個窮小子，如今再不會沒有鞋穿！！！

他，這個當年的窮小子，就是身高一百八十三公分的NBA最優秀後衛之一——艾倫·艾佛森。

55、輪椅上的巨人

演講是預先錄音。他的頭歪著，唇不動，身子也不動，一個小時，他的講詞是預先錄音的，從廣播器放送出來，不是美國音，不是歐洲音，也不是劍橋大學的 BBC 音，是電腦「聲音合成器」製造出來的聲音，有些金屬性。

史蒂芬‧霍金，於一九四二年一月八日，也就是伽利略逝世三百週年的同一天，出生於英國倫敦，他是最傑出的理論物理學家，一個科學名義下的巨人……。

霍金在十七歲時進入牛津大學攻讀物理。這時的他也不是一個用功的學生，而這種態度與當時其他同學是一致的，這是二戰後出現的青年人迷惘時期──他們對一切厭倦，覺得沒有任何值得努力追求的東西。霍金在學校裡與同學們一起遊蕩、喝酒、參加賽船俱樂部。就在這個時候，霍金遭到了病魔的侵襲。

到牛津的第三年，霍金注意到自己變得更笨拙了，有一、二次沒有任何原因地跌倒。一次，他不知何故從樓梯上突然跌下來，當即昏迷，差一點死去。

過完二十一歲生日的霍金在醫院裡住了二個星期，經過各式各樣的檢查，他被確診患上了「盧伽雷氏症」，即肌萎縮

性側索硬化症。醫生對他說，他的身體會越來越不聽使喚，只有心臟、肺和大腦還能運轉，到最後，心和肺也會失效。霍金被「宣判」只剩二年的生命。那是在一九六三年。

起初，這種病迅速惡化。這對霍金的打擊是可想而知的，他幾乎放棄了一切學習和研究，因為他認為自己不可能活到完成碩士論文的那一天。但隨之而來的愛情，使他重新確立了對生活的無比信心，他要獲取博士學位。他開始了一生中的第一次用功。同時，令他十分驚訝的是，他發現自己很喜歡研究。

然而，霍金的病情還是在逐漸加重。一九七○年，在學術上聲譽日隆的霍金已無法自己走動，他開始使用輪椅。直到今天，他再也沒離開它。

雖然身體的殘疾日益嚴重，霍金卻力圖像普通人一樣生活，完成自己所能做的任何事情。他甚至是活潑好動的——這聽來有點好笑，在他已經完全無法移動之後，他仍然堅持用唯一可以活動的手指驅動著輪椅，在前往辦公室的路上「橫衝直撞」；在莫斯科的飯店中，他建議大家來跳舞，他在大廳裡轉動輪椅的身影真是一大奇景；當他與查爾斯王子會晤時，旋轉自己的輪椅來炫耀，結果軋到了查爾斯王子的腳趾頭。

一九八五年，霍金動了一次氣切手術，從此完全失去了說話的能力。他就是在這樣的情況下，極其艱難地寫出了著名的《時間簡史》，探索著宇宙的起源。

一九九二年五月十九日，霍金在加拿大亞伯達大學參加

世界黑洞會議，並進行一次難得的公開演講：宇宙的未來。

他的頭歪著，唇不動，身子也不動，一個小時，他的講詞是預先錄音的，從廣播器放送出來，不是美國音，不是歐洲音，也不是劍橋大學的 BBC 音，是電腦「聲音合成器」造出來的聲音，有些金屬性。在二千五百個聽眾擠滿了的禮堂裡，每個人都靜靜地聽、靜靜地看、靜靜地感覺。

此時的他，全身能動的只有右手三個手指，然而，就是這三個手指伸伸壓壓地在小電腦上選字母，拼單字，造句子，花五、六分鐘造一個句子，再由「聲音合成器」播放出來，最終成為他要說的話。他花了十天的工夫才完成那一個小時演講的錄音。

與他同住同行的一共五個助手，三個護士照顧他的飲食起居，一個司機管理他特製的汽車，一個助教替他閱讀和寫作。在他劍橋大學辦公室裡，有一張特製的大書桌，他的助教把重要的文獻複製後列成單行的一長篇，他可以在輪椅上，由左向右慢慢移動閱讀，其他的報章雜誌則由助教讀給他聽。

二○○二年八月，這個在輪椅上坐了三十多年的英國老先生到了中國。

早在十多天前，霍金便已拿到了中國各地記者所提的問題。記者會現場，他每調出一個答案時，仍需要一分鐘左右的時間。因為當時，霍金只剩下右手的一個大拇指能夠操作了。霍金用這樣的方式「說話」，表達著他智慧與幽默的思想。一個小時裡，霍金透過沒有感情的揚聲器回答了十多個

問題。

現場很靜，不時有掌聲。不知這個困難的記者招待會現場，有沒有眼淚在飛？

一個記者問他：「霍金，你認為你本人幸運嗎？」提問的人話一出口有些後悔了，這是什麼問題！

霍金回答說：「我在各方面都非常幸運，除了患『肌萎縮性側索硬化症』之外。並且，就算是這個病對我也不是多麼重大的打擊。罹患此症仍能成功，我感到滿意。我現在真的比發病之前的那個我更為快樂。我無法說它是一項恩典，但已經夠幸運了，它並沒有比想像中的更壞。」

他的朋友感慨地說：「我們可以相信，當他所熱愛的東西都失去時，他不僅堅強地活著，而且偉大地活著，那麼他所帶給我們的不僅僅是科學的智慧，還有人類最可貴的精神。」

現在，霍金在他的第二任妻子梅森的照顧下，在全球遊歷講學，為世界貢獻著他的智慧和精神。

第七章
美德

　　經歷了五千年滄桑巨變的中華民族，有著共同的優秀文化與傳統美德，這豐富營養不僅培育、造就了世世代代的炎黃子孫，維繫了社會的和諧運行，還使中華傳統美德隨著社會的發展而世代相傳。直到今天，中華民族傳統美德仍是世界上最有凝聚力和向心力的民族瑰寶，是中華民族的「根」與「魂」。

56、孩子無罪

這年夏天，在醫院檢查後，醫生告訴妻子說可以再次懷孕了，她把這個消息告訴耀時，耀也很高興。但那個晚上，耀對妻子說：「我們年紀大了，妳身體又不好，生產時說不定會有危險。我們還是不要孩子吧。」她看著耀，滿臉的困惑。耀說，跟妳說一個故事吧⋯⋯。

耀和深深相愛的妻子結婚半年後，就去德國留學了，但就在這短短二年的留學生活中，發生在妻子身上的事徹底改變了之後的生活。

就在耀出國八個多月時，妻子在一次上夜班的途中遭到三個歹徒強暴，二個月後，她竟發現自己懷孕了！她去醫院想拿掉孩子，可是萬萬沒有想到的是，醫院給她的結論是她因為先天性的原因根本無法做流產手術。而且，即使她生過孩子之後，她最好的辦法還是避孕，要生，也要等幾年之後，還不能完全排除危險。

妻子從醫院回來的當天就在家割腕自殺，幸運的是那天她的姐姐不知出於什麼樣的預感正好來看她，忙叫人送她進了醫院。後來，妻子便無奈地生下了一個女兒。

從德國回來後，妻子在耀的苦勸下，終於從她姐姐家帶

著孩子重新回到他的身邊。

　　妻子給孩子取名叫點點，她讓孩子跟了她姓。孩子一天天長大，但耀不喜歡見到這個孩子，隨著時間流逝，耀也越來越討厭她。

　　轉眼孩子已經三歲了，平常，她叫耀爸爸，但耀回答得並不痛快。她似乎也感到了耀是一個不那麼愛她的人。她害怕耀，漸漸地耀發現她叫自己時似乎總是膽怯兮兮的，能叫妻子做的事絕對不會來找耀。

　　點點一叫耀爸爸，耀的胃立刻就抽搐起來，類似痙攣，難受異常。好在耀的工作總是很忙，有無數的藉口可以泡在實驗室裡。但是，奇怪的是，耀的工作成果並不好，甚至還不如以前了。

　　一天，妻子起床晚了。她叫住耀，想要耀送點點去上幼稚園，點點站在妻子的身後，小手抓著妻子的衣服，仰起臉企盼地看著耀。

　　幾乎想都沒想，耀就皺起了眉頭，那一剎那，耀看見點點慌亂地低下了頭，淚水含在了眼眶裡。妻子也注意到了點點的表情，她輕輕地嘆了口氣，把孩子抱在了懷裡，對耀說：「我去吧，我去送她。」說著，她打開了門鎖，走下了樓梯。耀嘴張了二下，什麼也說不出來。

　　孩子趴在妻子的肩頭，把手指含在嘴裡，默默地看著耀。耀機械地揚起了手，朝她揮了揮手，沒有想到這一個小小的動作，竟讓她高興極了，向耀晃著小手，大聲地喊道：

「再見，爸爸！」

「再見！」耀的心猛地一動。那天耀上班時耳朵裡一直響著的就是點點和自己再見的聲音。下午一下班，耀便早早地來到了幼稚園，這是耀第一次來到點點的幼稚園。

那晚妻子回來時，表情是那麼驚喜。她問點點：「是爸爸接妳回來的？」點點看著耀，一臉興奮地點點頭。「爸爸好不好？」妻子問。「好！」點點響亮地回答。耀一言不發，他內心裡知道應該對點點好一點，她畢竟只是個孩子。

二○○三年，點點已經四歲了。雖然耀對她的態度有所緩和，但她的身世始終是壓在他心頭的一塊大石頭。這時候，耀在德國研究時的導師來他們系裡客座，面對多年不見的導師，耀向他傾訴了一切。

導師靜靜地聽他說完了所有過程，等他平靜一些後，他把椅子靠近耀，握住他的手，為他說了一個真實的故事。

二戰結束後，德國一個納粹戰犯被處決了，他的妻子因為無法忍受眾人的羞辱，吊死在自家窗戶外面。第二天，鄰居們走了出來，一抬頭就看見那個可憐的女人。窗戶開著，她二歲大的孩子正伸出手向懸掛在窗框上的母親爬著。

眼看另一場悲劇就要發生了，人們屏住了呼吸。這時，一個叫艾娜的女人不顧一切地衝上樓，把危在旦夕的孩子救了下來。她收養了這個孩子，而她的丈夫，是因為幫助猶太人被這個孩子的父親當街處決的。街坊鄰居們沒有人理解她，甚至沒有人同意讓這個孩子留在他們這裡，他們要她把

孩子送到孤兒院或者把孩子扔掉。

艾娜不肯，便有人一天到晚向她家的窗戶丟髒東西，辱罵她。她自己的孩子也不理解她，他們動不動就離家出走，還跟著同伴向母親扔石頭。可是，艾娜始終把那個孩子緊緊抱在懷裡，她說最多的話就是：「你多麼漂亮啊，你是個小天使。」

漸漸地，孩子長大了，鄰居們的行動已經不偏激了，但還是常有人叫他邪納粹，同齡的孩子都不跟他玩。他變得個性古怪，常常以破壞他人財產為樂。直到有一天他打斷了一個孩子的肋骨，鄰居們瞞著艾娜把他送到了十幾公里外的教養院。

半個月後，幾乎都快發瘋的艾娜終於找回了孩子。當他們再一次出現在憤怒的鄰居們面前時，艾娜緊緊護著孩子，嘴裡喃喃自語：「孩子無罪。」孩子就是在那時知道了自己的身世，他痛哭流涕、悔恨萬分。

艾娜告訴他，最好的補償就是真心地幫助大家。從此之後他發憤圖強，每件事都做得很好。最主要的是，他變得無比關心他人。等他中學畢業時，他收到了這一生最好的禮物：他的鄰居們每家都派了代表來觀看他的畢業典禮。

「那個孩子就是我，」導師說，他的眼裡飽含著淚水，「孩子無罪。你不能讓這件事毀了孩子，也毀了你自己的一生……。」

耀低下了頭，感到心中有了一層莫名的壓迫。

這年夏天，在醫院檢查後，醫生告訴妻子說可以再次懷孕了，她把這個消息告訴耀時，耀也感到很高興。但那個晚上，耀對妻子說：「我們年紀大了，妳身體又不好，生產時說不定會有危險。我們還是不要孩子吧。」她看著耀，滿臉的困惑。耀說，跟妳說一個故事吧……。

　　二○○四年冬天，為了讓點點有一個更好的成長環境，耀和妻子舉家來到了南方的一所高中。久違了的家庭溫馨再一次回來了，耀的工作也順利了許多。

57、第二身分

　　孩子，考取學位和謀得一個好的職位固然重要，但與人相處時良好的習慣和修養同樣重要。如果說學位、職位代表了一個人身分的話，那麼習慣和修養就是人的第二身分，人們同樣會以此去判斷一個人。

　　和在布里斯托的大多數留學生一樣，李君也借住在當地一戶居民家中，這樣又省錢生活條件又好。

　　房東坎貝爾夫婦待人熱情大方，他們只象徵性地收李君幾英鎊房租，硬把李君從鄰居家中「搶」了過來。有一位外國留學生住在家裡，對他們來說是件很自豪的事情。他們不僅很快讓整個社區的人知道了這件事情，還打電話告訴了遠在曼徹斯特和倫敦的兒女。

　　李君非常珍惜這得之不易的學習機會。白天刻苦用功自不待言，晚上在圖書館一直待到閉館才離開也是常有的事，好在李君遇到了好房東，可以專心學習，一點也不必為生活操心。

　　每天李君回到「家」裡，可口的飯菜都在等著李君，每隔四、五天，坎貝爾太太就會逼著他換衣服，然後把換下的衣服拿去洗乾淨燙好。可以說，他們就像對待兒子一樣待李

君。

可是，過了沒多久，李君就感覺坎貝爾先生對他的態度有些轉冷，看他的眼神有些異樣。好幾次吃飯的時候，坎貝爾先生都好像有什麼話要對他說，但是看看太太，又把話吞了回去。李君開始猜測，他們是不是嫌收我的房租太少，想加房租又不好意思說？

那天晚上十一點多李君從學校回來，洗漱完畢剛要脫衣睡覺，坎貝爾先生躡手躡腳地走進李君的房間，寒暄二句後，坎貝爾先生坐到椅子上，一副談話的樣子，看來他終於要說出憋在心裡的話了。

李君心裡早有準備，只要在他的承受能力之內，他加多少房租李君都會答應，畢竟這樣的好房東不是哪兒都能找到的。

坎貝爾先生開口道：「在你家裡，你半夜回家時，不管你的父母睡著沒，你都會用力關門，噼噼啪啪地走路和大聲咳嗽嗎？」

李君愣住了：難道這就是他憋在心裡的話？李君說：「我不知道，也許……」，真的，長這麼大還沒有人問過他類似的問題，他自己也根本沒有注意過這些「細節」。

「我相信你是無心的。」坎貝爾先生微笑著說，「我太太有失眠症，你每天晚上回來都會吵醒她，而她一旦醒來就很難再睡著。因此，你以後晚上回來如果能夠安靜些，我將會非常高興。」

坎貝爾先生停頓了一下，接著說：「其實我早就想提醒你，只是我太太怕傷你的自尊心，一直不讓我說。你是一個懂事的孩子，你不會把我善意的提醒視為傷害你的自尊吧？」

李君很勉強地點頭。他並不是覺得坎貝爾先生說得不對，或者有傷自尊，而是覺得他有些斤斤計較。和父母一起生活了二十幾年，他們從來沒有和他計較過這種事，如果他也因此打擾過他們的話，他們肯定會容忍他的，充其量把他們的臥室門關緊而已。

李君心裡感慨：到底不是自己家呀！

當然，儘管李君心裡有牢騷，但他還是接受了坎貝爾先生的提醒，之後回家盡量輕手輕腳。然而，不久後的一天中午，李君從學校回來剛在屋裡坐下，坎貝爾先生就跟了進來。

李君注意到，他的臉陰沉著，這可是很少有的。「孩子，也許你會不高興，但是我還是得問，你小便的時候是不是不掀開馬桶蓋？」他問。

李君的心裡「咯噔」一聲。李君承認，有時他尿憋得緊，或者偷懶，小便時就沒有掀開馬桶蓋。

「偶爾……」，李君囁嚅。

「這怎麼行？」坎貝爾先生大聲說，「難道你不知道那樣會把尿液濺到馬桶蓋上嗎？這不僅僅是不衛生，還是對別人的不尊重，尤其是對女人不尊重！」

李君辯解：「我完全沒有不尊重別人的意思，只是沒注意……。」

「我當然相信你是無心的，可是這不應該成為這樣做的理由！」

看著坎貝爾先生漲紅的臉，李君嘟囔：「這麼點小事，不致於讓你這麼生氣吧？」

坎貝爾先生越發激動：「替別人著想，顧及和尊重別人，這是一個人最起碼的修養，而修養正是展現在小事上的。孩子，考取學位和謀得一個好的職位固然重要，但與人相處時良好的習慣與修養同樣重要。如果說學位、職位代表了一個人身分的話，那麼習慣和修養就是人的第二身分，人們同樣會以此去判斷一個人。」

李君不耐煩地聽著，並隨手拿起一本書胡亂翻起來，他覺得坎貝爾先生過於苛刻。

晚上，李君躺在床上考慮良久，決定離開坎貝爾家。既然他們對自己看不上眼，那就另找家比較「寬容」的人家居住。

第二天李君就向坎貝爾夫婦辭別，全然不顧他們的極力挽留，然而接下來的事情卻讓他始料未及。

李君一連走了五、六戶人家，他們竟然都以同樣的問話接待他：「聽說你小便時不掀開馬桶蓋？」那口氣、那神情，讓他意識到這在他們任何一個人看來都是一件不可思議的嚴重問題，李君只有滿面羞愧地返身逃走。

至此，李君才真正明白了坎貝爾先生說的「習慣和修養是人的第二身分」這句話。在人們眼中，李君既是正在接受高等教育的留學生，也是一個淺陋的、缺乏「修養」的人。

李君並不怨恨坎貝爾夫婦把他的「不良習性」到處傳播，相反地，陷入如此窘境，他對他們的怨氣反而消失了，甚至還非常感激他們。如果沒有他們，沒有那段尷尬的經歷，他還會像以前一樣令人生厭地「不拘小節」。

58、對不起，我看錯了

　　子宮裡長的不是腫瘤，是個胎兒。他矛盾了，陷入掙扎。如果下刀，硬把胎兒拿掉，然後告訴病人摘除的是腫瘤，病人一定會感激得恩同再造，而且可以確定，那所謂瘤，一定不會復發，他說不定還能得個「華佗再世」的匾額呢！

　　「你子宮裡長了東西，最好盡快動手術！」醫生說。

　　病人的臉色一下蒼白了，怪不得最近總是虛弱心慌，幸虧遇到這位名醫，就算是惡性腫瘤，發現得早，也應該不致於擴散。

　　手術很快就安排了，開刀房裡都是最新的醫療器材，對這位婦科名醫而言，已經有上千次手術的經驗。

　　瘤不大，只須切開一個小小的傷口。醫生打開病人的腹部，向子宮深處觀察，準備下刀，他有把握將腫瘤一次切除，使病人永絕後患。

　　但是他突然全身一震，刀子停在半空中，豆大的汗珠冒上額頭。

　　他看到了令他難以置信的事，一件在他行醫數十年之

間，不曾遭遇的事。

子宮裡長的不是腫瘤，是個胎兒。

他矛盾了，陷入掙扎。

如果下刀，硬把胎兒拿掉，然後告訴病人摘除的是腫瘤，病人一定會感激得恩同再造，而且可以確定那所謂瘤一定不會復發。他說不定還能得個「華佗再世」的匾額呢！

相反地，他也可以把肚子縫上，告訴病人，看了幾十年的病，他居然看走眼了。

這不過是幾秒鐘的掙扎，但已經使他渾身濕透。小心地縫合之後，回到辦公室，靜待病人甦醒。

醫生走到病人床前，他嚴肅的神情，使病人和四周的親屬都手腳冰冷，等待癌症末期的宣判。

「對不起！太太！我居然看錯了，妳只是懷孕，沒有長腫瘤。」醫生深深地致歉，「所幸及時發現，孩子安好，一定能生下個可愛的小寶寶！」

病人和家屬全呆住了，隔了十幾秒鐘，病人的丈夫突然衝過去，抓住醫生的領子，吼道：

「你這個庸醫，我找你算帳！」

孩子果然安好，而且發育正常。

但是醫生被告得差點破產，最大的傷害是名譽損失。

有朋友笑他，為什麼不將錯就錯？就說那是個畸形的死

胎，又有誰知道？

「老天知道！」醫生只是淡淡一笑。

59、把傷害留給自己

「在他抱住我時，我碰到了他發熱的槍管，但當晚我就寬恕了他。我知道他想獨吞我身上帶的鹿肉活下來，但我也知道他活下來是為了他的母親。此後三十年，我裝作根本不知道這件事，也從不提及。」

二戰期間，一支部隊在森林中與敵軍相遇發生激戰，最後二名軍人與部隊失去了聯繫。他們之所以在激戰中還能互相照顧、彼此不分，是因為他們是來自同一個小鎮的同袍。

二人在森林中艱難跋涉，互相鼓勵、安慰。十幾天過去了，他們仍未與部隊聯繫上，幸運的是，他們打死了一隻鹿，依靠鹿肉又可以艱難度過幾天了。

可是也許因為戰爭的緣故，動物四散奔逃或被殺光，這之後他們再也沒看到任何動物。僅剩下的一些鹿肉，背在年輕軍人的身上。

這一天他們在森林中遇到了敵人，經過再一次激戰，兩人巧妙地避開了敵人。就在他們自以為已安全時，只聽到一聲槍響，走在前面的年輕軍人中了一槍，幸虧是在肩膀上。後面的同袍惶恐地跑了過來，他害怕得語無倫次，抱起戰友的身體淚流不止，趕忙把自己的內衣撕下包紮戰友的傷口。

晚上，未受傷的戰士一直叨念著母親，兩眼直勾勾的。他們都以為他們的生命即將結束，身邊的鹿肉誰也沒動。天知道，他們怎麼過的那一夜。第二天，部隊救出了他們。

　　事隔三十年，那位受傷的戰士安德森說：「我知道誰開的那一槍，那就是我的同袍。他去年去世了。在他抱住我時，我碰到了他發熱的槍管，但當晚我就寬恕了他。我知道他想獨吞我身上帶的鹿肉活下來，但我也知道他活下來是為了他的母親。此後三十年，我裝作根本不知道這件事，也從不提及。戰爭太殘酷了，他母親還是沒有等到他回來，我和他一起祭奠了老人家。他跪下來，請求我原諒他，我沒讓他說下去。我們又做了二十幾年的朋友，我沒有理由不寬恕他。」

60、共度餘生

　　雨後的黑夜分外冷寂，街道蕭瑟，行人車輛特別稀少。一輛 BMW 在路上飛馳，頻頻闖紅燈，呼一聲又飛馳而過。那輛轎車一路奔往山上的那間老人院，停車直奔上樓，推開母親臥房的門……。

　　媳婦說：「煮淡一點妳嫌沒有味道，現在煮鹹一點妳又說吃不下，妳究竟想怎麼樣？」

　　母親一見兒子回來，二話不說便把飯菜往嘴裡送。她怒瞪他一眼。他試了一口，馬上吐出來，兒子說：「我不是說過了嗎，媽有病不能吃太鹹！」

　　「好！媽是你的，以後由你來煮！」媳婦怒氣沖沖地回房。

　　兒子無奈地輕嘆一聲，然後對母親說：「媽，別吃了，我去煮碗麵給你。」

　　「兒子，你是不是有話想跟媽說，是就說好了，別憋在心裡！」

　　「媽，我下個月升職，會很忙，至於老婆，她說很想出來工作，所以……」。

母親馬上意識到兒子的意思：「兒子，不要送媽去老人院。」聲音似乎在哀求。

兒子沉默片刻，他是在尋找更好的理由。

「媽，其實老人院並沒有什麼不好，妳知道妳媳婦一旦工作，一定沒有時間好好服侍你。老人院有吃有住有人服侍照顧，不是比在家裡好得多嗎？」

「可是，阿財叔他……。」

洗了澡，草草吃了一碗泡麵，兒子便到書房去。他茫然地佇立在窗前，有些猶豫不決。母親年輕便守寡，含辛茹苦將他撫養成人，供他出國讀書。但她從不用年輕時的犧牲當作要挾他孝順的籌碼，反而是妻子以婚姻要挾他！真的要讓母親住老人院嗎？他問自己，他有些不忍。

「可以陪你下半輩子的人是你老婆，難道是你媽嗎？」阿財叔的兒子總是這樣提醒他。

「你媽都這麼老了，好命的話可以多活幾年，為何不趁這幾年好好孝順她呢？樹欲靜而風不止，子欲養而親不待啊！」親戚總是這樣勸他。

兒子不敢再想下去，深怕自己真的會改變初衷。傍晚，太陽收斂起灼熱的金光，躲在山後憩息。一間建在郊外山上的一座貴族老人院。是的，錢用得越多，兒子才心安理得。當兒子帶著母親步入大廳時，嶄新的電視機，四十二吋螢幕正播放著一部喜劇，但觀眾一點笑聲也沒有。幾個衣著一樣、髮型一樣的老婦人歪歪斜斜地坐在沙發上，神情呆滯而

落寞。有個老人在自言自語，有個正緩緩彎下腰，想去撿起掉在地上的一塊餅乾。兒子知道母親喜歡光亮，所以為她選了一間陽光充足的房間。從窗口望出去，樹蔭下，一片芳草如茵。幾名護士推著坐在輪椅的老者在夕陽下散步，四周悄然寂靜得令人心酸。縱有夕陽無限好，畢竟已到了黃昏，他心中低低嘆息。

「媽，我……我要走了！」母親只能點頭。

他走時，母親頻頻揮手，她張著沒有牙的嘴，蒼白乾燥的嘴唇在囁嚅著，一副欲語還休的樣子。兒子這才注意到母親銀灰色的頭髮，深陷的眼窩以及打著細褶的皺臉。

母親，真的老了。他霍然記起一則兒時舊事。那年他才六歲，母親有事回鄉，不便攜他同行，於是把他寄住在阿財叔家幾天。母親臨走時，他驚恐地抱著母親的腿不肯放，傷心大聲號哭道：「媽媽不要丟下我！媽媽不要走！」最後母親沒有丟下他。

他連忙離開房間，順手把門關上，不敢回頭，深恐那記憶像鬼魅似地追纏而來。

他回到家，妻子與岳母正瘋狂地把母親房裡的一切扔個不亦樂乎。身高三尺的獎盃——那是他小學作文比賽「我的母親」第一名的獎品！中英字典——那是母親整個月省吃儉用所買給他的第一份生日禮物！還有母親臨睡前要擦的風濕油，沒有他為她擦，帶去老人院又有什麼意義呢？

「夠了，別再扔了！」兒子怒吼道。

「這麼多垃圾，不把它扔掉，怎麼放得下我的東西。」岳母生氣地說。

「就是嘛！你趕快把你媽那張爛床給抬出去，我明天要為我媽買張新的！」

一堆童年的照片展現在兒子眼前，那是母親帶他到動物園和遊樂園拍的照片。

「它們是我媽的財產，一樣也不能丟！」

「你這算什麼態度？對我媽這麼大聲，我要你向我媽道歉！」

「我娶妳就要愛妳的母親，為什麼妳嫁給我就不能愛我的母親？」

雨後的黑夜分外冷寂，街道蕭瑟，行人車輛特別稀少。一輛 BMW 在路上飛馳，頻頻闖紅燈，呼一聲又飛馳而過。那輛轎車一路奔往山上的那間老人院，停車直奔上樓，推開母親臥房的門。他幽靈似地站著，母親正撫摸著風濕痛的雙腿低泣。

她見到兒子手中正拿著那瓶風濕油，感到安慰地說：「媽忘了帶，幸好你拿來！」

他走到母親身邊，跪了下來。「很晚了，媽自己擦就可以了，你明天還要上班，回去吧！」

他囁嚅片刻，終於忍不住啜泣道：「媽，對不起，請原諒我！我們回家去吧！」

61、誠信罰金

在生意場上，不守信用、違反約定是要受到懲罰的；在生活中，不守信用是不是也應受到懲罰？羅嵩山覺得，自己未能按時匯出四千元善款，就像一個人在銀行貸款卻無法按時償還一樣，是要承擔責任的。

二○○二年四月二十七日，對楊漢卿、鄭春華夫婦來說，是個又開心又煩惱的日子。開心的是一男三女四個孩子一齊來到人間；煩惱的是夫婦二人僅靠打零工餬口，怎麼養活四個寶寶？

四胞胎的困境引起媒體關注，一時之間社會各界人士紛紛伸出援助之手，捐款捐物資。然而捐助畢竟是有限的。到二○○三年十月底，四個孩子只剩下最後一罐奶粉了，就在這時候三姐妹先後出現了嚴重的嘔吐、腹瀉症狀，醫院診斷為輪狀病毒感染，必須住院治療。

十一月初，媒體報導了四胞胎的近況。報導深深打動了羅嵩山的心。八日上午，他打電話給報社，表示願意捐款二萬元，但在前往郵局匯款的途中他改變了主意。

第二天下午，羅嵩山來到報社，將一份倡議書連同四萬元交給記者。並說出了他的計畫：「看了報導，我心裡很難

過，我想幫幫他們！本來我想寄二萬塊錢過去，但後來一想，這種一次性的捐款能發揮多大的作用呢？因此我想長期幫助四胞胎，一直到他們十八歲。但我是個打工仔，手裡沒多少錢，我計劃每年捐四萬元，連續捐十八年。可是我一個人的力量是有限的，如果還有十一位朋友與我共同組成一個十二人小組，每人每年捐出四萬元，直到四胞胎十八歲，這樣四胞胎在長大的過程中每人每月就可以得到一萬元的幫助！」

十一月十一日，報紙全文刊登了羅嵩山的倡議書。報導的回響異常強烈，當天要求加盟的讀者就有二十三人。最後，愛心聯盟的陣容確定為二十人。十五日，羅嵩山等八位愛心聯盟的代表去看望四胞胎，並將十九位成員的七萬六千元捐款當場交到四胞胎父母手中。愛心聯盟決定，今後每年在四胞胎的生日之前，各位成員自行將捐款匯入愛心帳戶。

羅嵩山是一家公司的業務員，平時在娛樂場所促銷啤酒，薪水隨業績而變化，有時近萬元，有時只有一、二千元。二○○四年底，他與公司一年的合約到期，該是續約的時候了，然而公司拖欠的薪水一直沒有發放。經多次催討仍無結果之後，他離開了那家公司。二○○五年二月初，羅嵩山回到老家，不久他在一家歌廳做某品牌啤酒的促銷。一開始生意非常不好，一個月下來不僅沒有賺錢，還賠進去幾千元。

慢慢地，生意有了起色，但誰也沒有想到，一場突如其來的「SARS 疫情」打亂了一切計畫，娛樂場所的人氣直線

下滑。沒有銷量，已經進行的業務也無法結帳，羅嵩山寢食難安，為生意著急，為生活費發愁。更讓他著急的是離四月二十七日越來越近了。

匯款期限的最後一天下午五點多，當一切籌錢的可能都化為泡影之後，口袋裡只剩下幾百塊錢的羅嵩山在街頭走了很久。他一直是個說話算數的人，而現在，卻要對一筆四萬元的愛心捐款食言。最後，他決定打電話給報社記者打電話，說明自己遇到的困難。

事實上，早在愛心聯盟誕生時，報社就對聯盟成員說過，在十八年的捐款期限內，如果哪位成員因經濟困難無法匯款，可以暫停或放棄捐助，只須告知報社就行了，由報社處理。

「不，我自己的承諾由我自己兌現。等我有了錢，就馬上匯過去。」羅嵩山的語氣異常堅定。

羅嵩山終於結算了一筆五萬五千元的貨款。「我終於可以兌現我的承諾了！」在生意場上，不守信用、違反約定是要受到懲罰的；在生活中，不守信用是不是也應受到懲罰？羅嵩山覺得，自己未能按時匯出四萬元善款，就像一個人在銀行貸了款卻無法按時償還一樣，是要承擔責任的。

於是，羅嵩山請銀行的工作人員幫忙計算：以四萬元為單位，如果不能按時還貸，五個月之後該付多少錢？回答是：利息八十四元，罰金三百元，兩項合計三百八十四元，因此總共應該償還四萬三百八十四元。於是羅嵩山如數匯出了四萬三百八十四元。

62、盡在不言中

外甥女走時，舅舅一再叮囑：「記住！讓好人心煩的事，放在心裡一輩子也不能說！答應我！」外甥女點了點頭。

許多年前，一對新婚夫妻蜜月旅遊，來到一個風景名勝之地。妻說：「這個地方我來過，而且留下了難以磨滅的記憶。」夫說：「我也是。」

於是二個人坐下來，決定每人談一件有關此地的往事。

夫說他小時候很淘氣，喜歡用彈弓打鳥。七、八歲時，父母帶著他到這裡旅遊，他見山上的翠林中有一隻奪目得像火焰的黃鸝，在枝葉中時隱時現，於是便從衣袋裡掏出彈弓。隨後，他果真打中了那隻鳥。可惜，那隻受傷的鳥還是艱難地飛到山坡下。

生活中，這不過是件小事。然而妻卻很認真地頻頻追問此事發生在何年、何月、何日、何時。夫只將妻的詢問看成她的執著，沒有多想。

但妻在細問了那件事後，隨即說：「但願你講的只是個隨隨便便的故事。如果你有興趣，我可以為你續說下面的事。」

夫很高興，連說：「好！好！好！希望妳發揮得像精彩小說，像傳奇故事……。」

妻說道：「那隻美麗的鳥受了傷，艱難地往山下飛一陣、歇一下。恰巧一個看林人發現了，他匆匆地追在傷鳥後面，想把牠救回去，將牠的傷養好。但在追到山旁的一個石崖時，由於失神，跌落進山澗裡。幸虧被粗樹枝攔了一下，保住了命，但失去了一條腿，還有一隻眼睛被樹枝戳傷，失明了。」

夫說這個故事太平常，不精彩，隨即打了個哈欠。

此後多年，妻沒再提及此話題。

許多年過去了。一天，妻身在遠地的舅舅來探親，住在這對夫婦家裡。他是一個身障人士，至少有一隻眼睛是瞎的。

夫要陪舅舅到城裡走走，妻說：「千萬不要讓舅舅累著，因為他的一條腿是假的。」丈夫仔細一查看，果然。

他問：「舅舅的眼、腿是怎麼受傷的？」

舅舅漫不經心地笑著說：「小事一樁，不值一提！當年，無非是哪個小孩淘氣，用什麼小石子……。」

剛說到這裡，妻子就攔下了，岔開了話題。因為沒有提到那隻鳥，丈夫自然也就沒想到其他的事。

住了幾天，舅舅準備回老家，妻子對丈夫說：「舅舅由於當年受傷，成了身障人士，生活自然很困難。我每月都寄給

他一些生活費，你從來沒有計較過。我很感謝你。」

丈夫說：「什麼話！妳每月從自己的薪水中寄給別人一點錢，我認為一定有妳的理由，何必要問！」

舅舅自然也說了幾句感謝的話，丈夫連忙攔住，並為舅舅準備了很多東西和一些錢。舅舅堅持不收，最後還是推託不掉。

舅舅臨走時，外甥女故意問舅舅：「舅，假如有一天你發現使你受傷的禍首，你會怎樣做？」

舅舅仍是大度地笑著說：「小孩子嘛！淘氣無罪！何況又與我受傷沒有必然關係……。」

舅舅回家了。

妻從來不提往事，因為她怕那事一經披露，有可能加重丈夫的負罪之情。何況，夫確實無辜。

又過了一段時間，妻子出差，繞道探望了舅舅。她向舅舅「披露」了當年往事的內情。舅舅只是又一次笑著說：「哈哈哈……可信，可信。我看得出這小子是聰明孩子，小時候一定特別淘氣。」

外甥女說，她打算把這件事的真相告訴丈夫。

「妳要說那件事，我不准！」舅舅真的生氣了，「無法挽回的事何必反覆絮絮叨叨！有病呀？哼！」

就在這時，郵差送來一張郵件通知單，上面寫的是一個義肢。從義肢的牌子，舅舅知道其價格的昂貴。舅舅嘆口氣

說:「這孩子很有心。當初他反覆端詳我的義肢，原來是為了
……。」

外甥女走時，舅舅一再叮囑:「記住！讓好人心煩的事，
放在心裡一輩子也不能說！答應我！」

外甥女點了點頭。

第八章
感知

　　在短暫而又漫長的人生中，在平淡而又新奇的生活裡，在喧囂而又寂寞的社會上，總有一些故事，總會發生一些故事，即使你偶然走過，不經意地瀏覽和注視，也能使你情不自禁地駐足，引發由衷的感懷，讓你在感知中獲得最真、最純、最美的情愫。

63、請把我埋得淺一點

「劊子手叔叔，請你把我埋得淺一點好嗎？要不，等我媽媽來找我的時候，就找不到了。」納粹士兵的手僵在了那裡，刑場上頓時響起一片抽泣聲，接著一陣憤怒的呼喊……。

二戰時期，一座納粹集中營裡，關押著很多猶太人，他們大多是婦女和兒童。他們遭受著納粹無情的折磨和殺害，人數不斷減少。

有一個天真活潑的小女孩和她的母親一起被關押在集中營裡。一天，她的母親和另一些婦女被納粹士兵帶走了，從此，再也沒有回到她的身邊。

人們知道，她們一定是被殺害了。因為每天都有人被殺害，死亡的陰影籠罩著每一個人，人們誰也不知道自己是否能活到第二天。

但當小女孩問大人們她的媽媽去了哪裡，為什麼這麼久了還不回來時，大人們沉默著流淚了，後來實在無法不回答時，就對小女孩說，妳的媽媽去找妳爸爸了，不久就會回來的。

小女孩相信了，她不再哭泣和詢問，而是唱起媽媽教給

她的許多兒歌，一首接一首地唱著，像輕風一樣在陰沉的集中營中吹拂。她還不時爬上囚室的小窗，向外張望著，希望看到媽媽從遠處走來。

小女孩沒有等到媽媽回來，一天清晨，納粹士兵用刺刀驅趕著，將她和數萬名猶太人逼上了刑場，他們將一起被活活埋葬在這裡。人們沉默著。死亡是如此真實地逼近每一個生命。面對死亡，人們在恐懼中發不出任何聲音。

人們一個接一個地被納粹士兵殘酷地推下深坑。當一個納粹士兵走到小女孩跟前，伸手要將她推進深坑中的時候，小女孩睜大漂亮的眼睛對納粹士兵說：「劊子手叔叔，請你把我埋得淺一點好嗎？要不，等我媽媽來找我的時候，就找不到了。」納粹士兵的手僵在了那裡，刑場上頓時響起一片抽泣聲，接著一陣憤怒的呼喊……。

人們最後誰也沒能逃出納粹的魔掌，但小女孩純真無邪的話語卻撞痛了人們的心，讓人在死亡之前找回了人性的尊嚴和力量。

64、哈巴狗的愛情

從那天過後，「浪浪」一直不吃老夫婦餵的食物。雖然老夫婦想盡辦法為「浪浪」提供了牠平時最愛吃的各種食物，但三天過去了，「浪浪」仍然不肯吃東西。

老張和老伴退休後，兒子特意為父母帶回來一對剛出生不久的哈巴狗，給老夫婦做伴。老張為公狗取名為「浪浪」，給母狗取名「莎莎」。

老夫婦說，這對狗兒平時非常恩愛。「浪浪」經常用舌頭幫「莎莎」洗臉，遇到主人餵食時，「浪浪」總是立坐在一旁，歪著頭專注地看著「莎莎」進食。等到「妻子」吃飽後，「浪浪」才開始吃。

老張說，有一天晚上下雨，他搭建在陽台上的狗棚嚴重漏雨。由於狗棚狹小，「浪浪」便把「莎莎」擠到未漏雨的一側，自己則站在漏雨的一邊。雨水滴打在「浪浪」的身上，「浪浪」不住地發出「嗚嗚」的哀鳴聲。後來，哀鳴聲驚醒了正在睡覺的老張，他發現狗棚裡的情況後大為感動，趕緊叫醒老伴，把兩隻狗兒安頓到了客廳的沙發上。

老夫婦就這樣和兩隻哈巴狗相伴了三年。

三年後一個夏天的晚上，老張和老伴像往常一樣，帶著

「浪浪」和「莎莎」出門去散步。當他們到達鐵路邊時，一列火車突然呼嘯而來。

老張趕緊將身邊的「浪浪」抱起來。可是就在老張的老伴正要伸手去抓「莎莎」時，受到嚴重驚嚇的「莎莎」突然跑上鐵軌，想要逃到鐵路另一邊的平地上。慘劇發生了，「莎莎」當場被疾駛而來的火車頭輾死。

眼見與自己朝夕相處的夥伴遭此不幸，老張懷裡的「浪浪」拚命掙脫主人的雙手，站在血肉模糊的「莎莎」旁邊不停地哀鳴。

老張在鄰居的幫助下，將「莎莎」埋進了離鐵路不遠的一塊荒地裡。然而，痛失「愛妻」的「浪浪」卻守在墳頭久久不肯離去。最後還是老張拿出狗繩，強行將「浪浪」帶回了家。為了防止「浪浪」從家中跑到「莎莎」的墳頭上去，老張用一根粗麻繩將「浪浪」的脖子套住，拴在陽台上。

然而，從那天過後，「浪浪」一直不吃老夫婦餵的食物。雖然老夫婦想盡辦法為「浪浪」提供了牠平時最愛吃的各種食物，但三天過去了，「浪浪」仍然不肯吃東西。

這天晚上，正在客廳邊看電視邊嘆息的老夫婦突然聽見樓下馬路上傳來一陣嘈雜聲，接著便有鄰居敲門，說老張家的狗跳樓了。老張趕到陽台上一看，拇指粗的麻繩已經被狗咬斷，他趕緊下樓。

在樓下的馬路上，老張一眼就認出摔死的狗兒正是「浪浪」。馬路對面一位住戶說，他當時看見這隻狗兒站在陽台

上，來回走了二步便一躍跳下，墜地時險些砸中一輛路過的計程車。

老張將「浪浪」葬到了「莎莎」的墳頭邊。手握著這對狗兒生前的照片，老夫婦非常傷感。他們今後再也不養狗了，因為他們受不了這份感動帶來的刺痛。

65、無言的忠誠

從愛犬找到主人墳墓的那天起，牠每天都準時無誤地來找牠的主人，到了墓碑前，點點頭、哈哈腰後，就臥在主人墳墓旁邊傷心地嗚咽，然後靜靜地待著，直到墓園關門。

在位於義大利中南部美麗的海濱城市安丘，發生了一個催人淚下的故事。

一日，人們看到一隻黑褐色的狗，帶著似乎找不到回家路的痛苦眼神，孤獨地走進了安丘公墓。牠沿著墓園長長的小路無聲地走啊，走啊，用鼻子到處聞著。

「誰也不知道牠在尋找什麼。」墓園的工作人員說：「直到我們看到牠臥在了一個新的墳墓前，發出悽慘的、低低的嗚咽聲，才開始明白了是怎麼回事。」

這是公墓新開闢的一塊墓地，新的墳墓前只立了一塊小小的大理石墓碑。經過長時間的尋找，這隻狗終於找到了埋葬牠主人的墳墓。牠臥在那裡，「嗚嗚」地哀叫，似乎流出了眼淚。

牠在那裡紋絲不動地待了好幾個小時，直到天黑，才一步一回首、依依不捨地離開。工作人員一直等牠走後，才關上了公墓大門。

第二天，狗又來到墓園找牠心愛的主人。這次，人們看到牠毫不猶豫地徑直朝著第一天發現的那個新墳墓走去。

　　到了墳前，牠用鼻子聞了聞地面，就臥在了那裡，長時間地傷心嗚咽，之後就靜靜地、一動也不動地待上好幾個小時。

　　一個婦女走過來，給了牠一碗水，牠立即喝光了，牠太渴了。女人撫摩著牠的身體，牠向女人投去了感激的目光。但是當女人向牠做出跟她走的手勢時，牠堅決拒絕了。在那一刻，女人看到狗似乎送給了她一個「我不會被誘騙」的眼神。

　　第三天，人們知道了那個墳墓裡埋的是一位退休老人，生前沒有親人，顯而易見，這隻狗就是他唯一的最後的朋友。

　　從愛犬找到主人墳墓的那天起，牠每天都準時無誤地來找牠的主人，到了墓碑前，點點頭、哈哈腰後，就臥在主人墳墓旁邊傷心地嗚咽，然後靜靜待著直到墓園關門。

　　人們開始認識了這隻狗，每天都會為牠帶來足夠的水和食物，時不時心疼地撫摩牠幾下。後來人們幫牠取了個名字：奇波（意為「石碑」），因為牠這個新家就安在了牠心愛主人的墓碑旁。但是一到夜幕來臨，牠就會離去，沒人知道牠到底藏身何處。人們曾經試圖跟蹤牠，但是，奇波都成功地把他們甩掉了。

　　奇波催人淚下的故事傳到所有要來安丘公墓悼念親人的

人們耳裡，於是當他們來掃墓時，除了為親人帶上一束鮮花外，都忘不了為奇波帶些狗罐頭和餅乾。

　　有些孩子試圖跟奇波一起玩耍，但是，奇波非常憂鬱悲傷地拒絕了他們，牠只是無言地搖搖尾巴，對人們的友好表示感謝。一位動物專家說，奇波會每天哀念主人直到永遠。

66、悲壯的哞叫

一旁運水的士兵哭了，破口大罵的司機也哭了，最後，運水的士兵說：「就讓我違反一次規定吧，我願意接受一次處分。」他從水車上倒出半盆水——三公升左右，放在牛面前。

這個真實的故事，發生在一個極度缺水的沙漠地區。這裡，每人每天的用水量嚴格地限定為三公升，這還得靠軍隊從很遠的地方運來。日常的飲用、洗漱、洗衣，包括餵牲口，全部依賴這三公升珍貴的水。

人缺水不行，牲畜也一樣。終於有一天，一頭一直被人們認為憨厚、忠實的老牛渴極了，掙脫了韁繩，強行闖入沙漠裡唯一、也是運水車必經的公路。終於，運水的軍車來了。

老牛以不可思議的識別力，迅速地衝上公路，軍車一個緊急剎車戛然而止。老牛沉默地立在車前，任憑司機喝斥驅趕，也不肯挪動半步。

五分鐘過去了，雙方依然僵持著。運水的士兵以前也碰到過牲口攔路索水的情形，但牠們都不像這頭牛這般倔強。

人和牛就這樣耗著，最後開始塞車了，後面的司機開始破口大罵，性急的甚至試圖點火驅趕，可是老牛不為所動。

　　後來，牛的主人尋來了，惱羞成怒的主人揚起長鞭狠狠地抽打在瘦骨嶙峋的牛背上，牛被打得皮開肉綻、哀哀叫喚，但還是不肯讓開。鮮血流了出來，染紅了鞭子，老牛的淒厲牟叫，和著沙漠中陰冷的風，顯得分外悲壯。

　　一旁運水的士兵哭了，破口大罵的司機也哭了，最後，運水的士兵說：「就讓我違反一次規定吧，我願意接受一次處分。」他從水車上倒出半盆水——三公升左右，放在牛面前。

　　出人意料的是，老牛沒有喝以死抗爭得來的水，而是對著夕陽，仰天長牟叫，似乎在呼喚什麼。不遠的沙堆背後跑來一頭小牛，受傷的老牛慈愛地看著小牛貪婪地喝完水，伸出舌頭舔舔小牛的眼睛，小牛也舔舔老牛的眼睛，靜默中，人們看到了母子眼中的淚水。沒等主人吆喝，在一片寂靜無語中，牠們掉轉頭，慢慢往回走。

　　在場的人無不熱淚盈眶……。

67、感恩節的禮物

　　雨一直在下，小女孩也不知哭了多久。她知道媽媽再也不會醒來，現在就只剩下她自己。媽媽的眼睛為什麼不閉上呢？她是因為不放心她嗎？她突然明白了自己該怎樣做。

　　有一個天生失語的小女孩，爸爸在她很小的時候就去世了。她和媽媽相依為命。媽媽每天很早出去工作，很晚才回來。

　　每到日落時分，小女孩就開始站在家門口，充滿期待地望著門前的那條路，等媽媽回家。媽媽回來的時候是她一天中最快樂的時刻，因為媽媽每天都會幫她帶一塊年糕回家。在她們貧窮的家裡，一塊小小的年糕都是無上的美味。

　　有一天，下著很大的雨，已經過了晚餐時間了，媽媽卻還沒有回來。小女孩站在家門口望啊望啊，總也等不到媽媽的身影。

　　天，越來越黑，雨，越下越大，小女孩決定順著媽媽每天回來的路自己去找媽媽。她走啊走啊，走了很遠，終於在路邊看見了倒在地上的媽媽。

　　她使勁搖著媽媽的身體，媽媽卻沒有回答她。她以為媽媽太累，睡著了，於是就把媽媽的頭枕在自己的腿上，想讓

媽媽睡得舒服一點。但是這時她發現，媽媽的眼睛沒有閉上！

小女孩突然明白：媽媽可能已經死了！她感到恐懼，拉過媽媽的手使勁搖晃，卻發現媽媽的手裡還緊緊地拿著一塊年糕……她拚命地哭著，卻發不出一點聲音……。

雨一直在下，小女孩也不知哭了多久。她知道媽媽再也不會醒來，現在就只剩下她自己了。媽媽的眼睛為什麼不閉上呢？她是因為不放心她嗎？她突然明白了自己該怎麼做。

於是小女孩擦乾眼淚，決定用自己的語言來告訴媽媽她一定會好好地活著，讓媽媽放心地走……。

小女孩就在雨中一遍一遍用手語比著歌曲《感恩的心》，淚水和雨水混在一起，從她小小卻寫滿堅強的臉上滑過……「感恩的心，感謝有你，伴我一生，讓我有勇氣做我自己……感恩的心，感謝命運，花開花落，我一樣會珍惜……」。

她就這樣站在雨中不停歇地比著，一直到媽媽的眼睛終於閉上……。

68、這就是我們的士兵

　　一個士兵背著六十三塊礦石，在沙漠裡走了五十多個小時，他寧可把身上有水的背包扔掉，也不丟下一塊礦石；他哪怕將礦石沿途撒下，也可增加隊友找到他的機率。可是他沒有這麼做。這是什麼？這是生命與任務的選擇，士兵為了完成任務，寧可犧牲自己的生命，而這只是個普通的士兵。

　　一個軍事攝影組跟隨一個邊防軍進行野外勘探的錄影工作，這個邊防軍根據上級指示，要採集一塊沙漠區域的礦石。

　　那是沙漠地區，一眼望不到邊的沙漠，只有孤零零的沙丘瑟瑟地立在沙漠裡。士兵們分組去蒐集礦石，在艱苦的環境下進行著艱難的作業。

　　正當快要完成的時候，不幸的事情發生了──一個士兵走丟了！當時整個部隊都著急起來，連長斥責帶隊的那個組長，但是很快就部署了尋找的方案。士兵們分兩組開始了搜尋工作。

　　大家都拚了命地找，很多士兵都是含著淚進行搜尋，可想而知在部隊裡，大家的感情是多麼深厚。

　　時間一點一點地過去，每過一小時，那個士兵就多了一

分死亡的危險。在沙漠裡根本分不清方向，一旦走失了，很可能就意味著死亡。並且連長也說出，這裡曾經有幾位科學家走丟過，為了科學研究而永遠地埋在了這裡。

二十幾個小時很快就過去了，但大家卻都沒發現。在此期間士兵們吃的是從口袋裡取出的餅乾，只能喝少量的水，根本沒有想像中的軍用罐頭和餅乾。

晚上，士兵們很疲憊，只能暫時休息了。大家把一些簡易的軍被往地上一鋪，十幾個人擠在一起，蓋上軍被就這樣睡著了。那可是沙漠，每天最高溫度攝氏四十度，最低零下十幾度！

第二天大家早早起來繼續搜尋，這時已經過去三十幾個小時了，迷路的士兵離死亡越來越近。連長的心理壓力很大，如果這名士兵真的找不到，或找到的是……連長含著淚說：我會無法在每天清晨起操時站在隊友的前面，我只能退伍，結束我的軍旅生活，離開我最愛的部隊。

連長讓部隊乘軍車，跟在後面，他先坐採訪車往前趕，去前面的標誌點看看，標誌點整個地區只有三個，是分辨位置的最好標誌。

當來到標誌點時，終於有了新的發現，發現了迷路士兵的軍用背包，裡面有水壺，而且水壺裡面居然還有一點點水，這表示士兵還活著。

部隊急忙朝著背包的方向追去，但很久卻還是不見人影，大家都很著急。這時部隊的軍車也趕上了，軍車在前面

帶路，繼續尋找著。

大家正在焦慮時，軍車突然停下了，司機小聲地說，左面遠處好像有個小黑點動了一下。但當連長詢問其他士兵時，大家卻什麼也沒看到。這時任何失誤的報告都是危險的，可能會換來斥責與批評。但司機說：我寧可因為失誤受到批評，也不能因不敢報告而失去一次使同袍獲救的機會。

「好吧，大家往那個方向去。」連長下了命令。果然幾公里後大家在一個沙丘旁發現了迷路的士兵，這名士兵因嚴重缺水和食物，瀕臨死亡的邊緣，已經昏迷。

當大家往士兵的身邊一看，他身上居然還背著採集來的六十三塊礦石。一個士兵背著六十三塊礦石，在沙漠裡走了五十多個小時，他寧可把身上有水的背包扔掉，也不丟下一塊礦石；他哪怕將礦石沿途撒下，也可增加隊友找到他的機會。可是他沒有那麼做。這是什麼？這是生命與任務的選擇，士兵為了完成任務，寧可犧牲自己的生命，而這只是個普通的士兵。家庭條件在連隊裡是最好的，還是個獨生子。

當找到他的時候，同袍們瘋了一樣跑過去，把他往車上背。所有的士兵都哭了，那種情感是無法用言語表達的……。

69、父親的緋聞故事

父親當著很多老師和同學的面，拚命地、一聲聲地呼喊自己的愛情：「我喜歡菊花！菊花，我喜歡你！」——在那保守的年代，父親的舉動無異於一場小型地震，「早戀」的他被趕出學校，並受到了全村人的譏笑⋯⋯。

榮與姐姐是聽著同一個故事長大的。這個故事的大致情節是：父親在讀中學時愛上了一個叫菊花的女孩，後來發生了意外，菊花被倒塌的危房砸傷，在她快死時，父親當著很多老師和同學的面，拚命地、一聲聲地呼喊自己的愛情：「我喜歡菊花！菊花，我喜歡你！」——在那保守的年代，父親的舉動無異於一場小型地震，「早戀」的他被趕出學校，並受到了全村人的譏笑⋯⋯。

需要補充說明的是，這個傷感故事卻有個美好的「結局」：母親是父親的同班同學，在聽到父親吼叫般的愛情表白後，驚呆了，但又暗暗佩服父親作為一個男人的勇敢。菊花死後第四年，母親做了父親的新娘。

父親的「緋聞」在鄰居口中不停地傳來傳去，一直到榮與姐姐逐漸長大，他們還能聽到這個令他們姐妹倆無地自容的故事。鄰居們說說倒還罷了，母親也會時常提起。他們吵

架時，氣急的母親會掛著淚向父親大吼：「我知道，你喜歡的是菊花，你從來沒喜歡過我。」一聽到這句話，父親馬上無話可說，只能尷尬地笑笑，然後低聲下氣地勸慰母親，把所有家事承包下來哄母親開心；而父母一旦甜蜜蜜時，母親又會開玩笑：「哦，你還想你的菊花嗎？說說看，菊花有什麼好？」此時，父親還是尷尬地笑。他從不與母親正面交鋒。

說實話，那些年榮恨死了父親，因為他的「浪漫多情」，使他在同學面前受盡了嘲笑，而姐姐也有同樣的感受。因此她們拚命讀書，終於如願考取大學，逃離了令她們姐妹出盡洋相的家鄉。

去年，是母親六十歲大壽，久不見爸媽的榮終於回了趟老家。酒過三巡，姐姐快十歲的孩子突然問：「外公，聽說你小時候不愛外婆，你愛另外一個女孩，是真的嗎？」一屋子的熱鬧突然凝滯了，大家都尷尬地望著父親。真想不到，父親的「緋聞」要跨世紀地「流傳」到他們的下一代去。

父親這次沒有尷尬地笑，而是輕輕抿了一口酒說：「其實，我從來沒有喜歡過那個菊花。」父親把臉轉向母親，繼續說，「麗香，妳記得嗎，那時菊花的父母被關起來了，剩下她與奶奶相依為命。她長得好看，但因為家庭問題，大家都瞧不起她，不願跟她同桌，其實我也不願意跟她交往，但我是班長，老師跟我說要我幫助同學，就安排我跟她坐在一起……菊花的爸媽其實不是什麼壞人，都是大學問家，他們被抓起來後菊花才被趕到鄉下來的。她家有不少書。有一天，她把一本書偷偷帶到學校來指給我看一段外國人寫的文字；

那裡面寫著，人的一生裡，最大的三個遺憾是：小時候沒有父母的愛；長大沒有戀人的愛，年老沒有兒女的愛……菊花淚汪汪地告訴我，她怕三大遺憾會被她全部湊齊的。那天，下大雨颳大風，我們的破教室直搖晃，大家驚慌失措地往外跑，幾個學生爭先恐後往外擠。妳也知道，那門本來就破，哐的一聲門框竟然倒了，上面的磚頭就塌下來了……五、六個同學被壓著了，菊花的傷最重。那天晚上，醫生對著一屋子圍攏的老師、同學和鄉親們搖頭時，我們都嚇壞了。也不知為什麼，我突然想起她說過的人生三大遺憾，一下子傻住了，就情不自禁地朝她喊了『菊花，我喜歡妳』。其實，我並不喜歡菊花，她沒人照顧，有點邋遢，身上總是有股味道。當時，我只是想讓她少一點遺憾而已……」。

大家都呆住了，為父親流傳了多年的緋聞背後真相，一屋子人久久無語。

70、一張匯款單

　　轉眼間到了過年，他回來也一月有餘了。正當全家人為這年怎麼過而煩惱的時候，他意外地收到了一張匯款單。在匯款單的留言欄裡，寫了這樣一行歪歪扭扭的字：收下吧，這是我們三個湊的二萬元，算是你第一個月的薪水。

　　許多年前的那個冬天，狗子一行四人，坐上了南下的火車。四個人懷抱著同樣的夢想，那就是──賺錢。

　　四個人興奮而緊張，擠成一團，在冰冷的車廂裡彼此溫暖著。他們所說的每一句話，都跟即將開始的打工生活有關，跟蛋蛋遠房的大伯有關。因為是他為他們爭取到了一個工廠最後的四個打工名額，他知道，他們是從小一塊兒光著屁股長大最要好的朋友。

　　那告別貧瘠山村的路遙遠而漫長，整整二十四個小時，他們都沒有闔一下眼，那每月二萬多塊的薪水雖還遙不可及，卻如興奮劑一般撩撥著每個人的心。

　　終於到了。沒有人關心那從沒見過的車水馬龍和高樓大廈。在蛋蛋大伯的帶路下，他們來到那家工廠，沒想到，他們聽到的第一句話便是：四個名額只剩下了三個。這句話如晴天霹靂般在他們每個人的腦海中炸響，那就是說，他們四

個人中必須有一個要打道回府，不容置疑。

蛋蛋第一個站出來，說：「你們留下，我走。」沒人應聲。蛋蛋的爸爸臥床多年，已是家徒四壁，蛋蛋需要賺錢幫爸爸看病抓藥。大碗說：「還是我走吧，我是弟兄四個當中的老大。」還是沒人應聲。大碗的老婆沒奶，不能可憐了那嗷嗷待哺的寶寶。狗子說：「我走，我沒有負擔。」

狗子果真就走了，誰也沒能留住他。他在那陌生都市的角落裡待了一天，但他沒有後悔，雖然他的眼裡寫滿了留戀。他知道，他們都比他更需要錢。

他又重新回到了那破落的山村，重新在那乾裂的土地裡種植著全家人的希望。

轉眼間到了過年，他回來也一月有餘了，正當全家人為這年怎麼過而煩惱的時候，他意外地收到了一張匯款單。在匯款單的留言欄裡，寫了這樣一行歪歪扭扭的字：收下吧，這是我們三個湊的二萬塊錢，算是你第一個月的薪水。

那一刻，淚水在狗子的眼裡打轉。那一刻，他也明白，他收下的絕不僅僅是二萬塊錢那樣簡單。

國家圖書館出版品預行編目（CIP）資料

為什麼人要良善的八堂必修課：70 個勸你善良的人生故事
/ 王郁陽、劉燁 著 . -- 第一版 . -- 臺北市：崧燁文化，2020.02
　　面；　　公分
POD 版

ISBN 978-986-516-313-6(平裝)

1. 人生哲學 2. 通俗作品

191.9　　　　　　　　　　　　　　　108022308

書　　　　名：為什麼人要良善的八堂必修課：70 個勸你善良的人生故事
作　　　　者：王郁陽、劉燁 著
發　行　人：黃振庭
出　版　者：崧燁文化事業有限公司
發　行　者：崧燁文化事業有限公司
E - m a i l：sonbookservice@gmail.com
粉　絲　頁：　　　　　網址：
地　　　　址：台北市中正區重慶南路一段六十一號八樓 815 室
8F.-815, No.61, Sec. 1, Chongqing S. Rd., Zhongzheng
Dist., Taipei City 100, Taiwan (R.O.C.)
電　　　　話：(02)2370-3310 傳　真：(02) 2370-3210
總　經　銷：紅螞蟻圖書有限公司
地　　　　址：台北市內湖區舊宗路二段 121 巷 19 號
電　　　　話:02-2795-3656 傳真 :02-2795-4100
印　　　　刷：京峯彩色印刷有限公司（京峰數位）

定　　　　價：350 元
發行日期：2020 年 2 月第一版
◎ 本書以 POD 印製發行